CADERNO DE ATIVIDADES

Organizadora: Editora Moderna
Obra coletiva concebida, desenvolvida e produzida pela Editora Moderna.

Editores responsáveis:
Mara Regina Garcia Gay
Willian Raphael Silva

5ª edição

© Editora Moderna, 2018

Elaboração dos originais:

Mara Regina Garcia Gay
Bacharel e licenciada em Matemática pela Pontifícia Universidade Católica de São Paulo.

Willian Raphael Silva
Licenciado em Matemática pela Universidade de São Paulo. Professor e editor.

Everton José Luciano
Licenciado em Matemática pela Faculdade de Filosofia, Ciências e Letras do Centro Universitário Fundação Santo André.

Cintia Alessandra Valle Burkert Machado
Mestre em Educação, na área de Didática, pela Universidade de São Paulo.

Coordenação editorial: Mara Regina Garcia Gay
Edição de texto: Cintia Alessandra Valle Burkert Machado, Edson Ferreira de Souza
Assistência editorial: Everton José Luciano, Marcos Gasparetto de Oliveira, Paulo César Rodrigues dos Santos
Gerência de *design* e produção gráfca: Sandra Botelho de Carvalho Homma
Coordenação de produção: Everson de Paula, Patricia Costa
Suporte administrativo editorial: Maria de Lourdes Rodrigues
Coordenação de *design* e projetos visuais: Marta Cerqueira Leite
Projeto gráfco e capa: Daniel Messias, Otávio dos Santos
Pesquisa iconográfca para capa: Daniel Messias, Otávio dos Santos, Bruno Tonel
  Fotos: VTT Studio/Shutterstock, Tussiksmail/Depositphotos/Fotoarena
Coordenação de arte: Carolina de Oliveira
Edição de arte: Daiane Alves Ramos
Editoração eletrônica: Grapho Editoração
Coordenação de revisão: Maristela S. Carrasco
Revisão: Beatriz Rocha, Cárita Negromonte, Leandra Trindade, Willians Calazans
Coordenação de pesquisa iconográfca: Luciano Baneza Gabarron
Pesquisa iconográfca: Carol Bock
Coordenação de *bureau*: Rubens M. Rodrigues
Tratamento de imagens: Fernando Bertolo, Joel Aparecido, Luiz Carlos Costa, Marina M. Buzzinaro
Pré-impressão: Alexandre Petreca, Everton L. de Oliveira, Marcio H. Kamoto, Vitória Sousa
Coordenação de produção industrial: Wendell Monteiro
Impressão e acabamento: Gráfica Star-7
Lote: 781.394
Código: 24112639

Dados Internacionais de Catalogação na Publicação (CIP)
(Câmara Brasileira do Livro, SP, Brasil)

Araribá plus : matemática : caderno de atividades / organizadora Editora Moderna ; obra coletiva concebida, desenvolvida e produzida pela Editora Moderna ; editores responsáveis Mara Regina Garcia Gay, Willian Raphael Silva. -- 5. ed. -- São Paulo : Moderna, 2018.

Obra em 4 v. para alunos do 6º ao 9º ano.
Bibliografia.

1. Matemática (Ensino fundamental) I. Gay, Mara Regina Garcia. II. Silva, Willian Raphael.

18-16906   CDD-372.7

Índices para catálogo sistemático:

1. Matemática : Ensino fundamental   372.7

Maria Alice Ferreira – Bibliotecária – CRB – 8 / 7964

ISBN 978-85-16-11263-9 (LA)
ISBN 978-85-16-11264-6 (LP)

Reprodução proibida. Art. 184 do Código Penal e Lei 9.610 de 19 de fevereiro de 1998.
Todos os direitos reservados
EDITORA MODERNA LTDA.
Rua Padre Adelino, 758 – Belenzinho
São Paulo – SP – Brasil – CEP 03303-904
Vendas e Atendimento: Tel. (0_ _11) 2602-5510
Fax (0_ _11) 2790-1501
www.moderna.com.br
2024
Impresso no Brasil

1 3 5 7 9 10 8 6 4 2

Imagem de capa
Impressora 3-D com modelo impresso a partir de arquivo de *smartphone*: a Matemática presente no desenvolvimento das novas tecnologias.

SUMÁRIO

PARTE 1

RECORDE 7

UNIDADE 1: Números naturais e sistemas de numeração 9
1. Números naturais, 9
2. Sistemas de numeração, 13
3. Sistema de numeração romano, 14
4. Sistema de numeração indo-arábico, 17

UNIDADE 2: Operações com números naturais 21
1. As operações no dia a dia, 21
2. Adição com números naturais, 22
3. Subtração com números naturais, 27
4. Arredondamentos e cálculos aproximados, 34
5. Multiplicação com números naturais, 35
6. Divisão com números naturais, 43
7. Potenciação com números naturais, 49
8. Raiz quadrada, 53
9. Igualdade, 56

UNIDADE 3: Geometria: noções iniciais 57
1. Geometria em documentos históricos, 57
2. Sólidos geométricos, 58
3. Figuras geométricas planas, 61

PROGRAMA DE RESOLUÇÃO DE PROBLEMAS 63

PARTE 2

RECORDE 66

UNIDADE 4: Divisibilidade: múltiplos e divisores 68
1. Divisibilidade, 68
2. Múltiplos de um número natural, 73
3. Divisores de um número natural, 77
4. Números primos, 81
5. Decomposição em fatores primos, 83

UNIDADE 5: Frações 87
1. O conceito de fração, 87
2. Situações que envolvem frações, 92
3. Números mistos, 98
4. Frações equivalentes, 99
5. Comparação de frações, 103

UNIDADE 6: Operações com frações 106
1. Adição e subtração com frações, 106
2. Multiplicação com frações, 109
3. Divisão com frações, 112
4. Porcentagem, 115

PROGRAMA DE RESOLUÇÃO DE PROBLEMAS 120

PARTE 3

RECORDE 123

Unidade 7: Retas e ângulos 125
  1. Ideia de ponto, reta e plano, 125
  2. Ângulos, 127
  3. Retas no plano, 130

UNIDADE 8: Números decimais 132
  1. Representação decimal de uma fração, 132
  2. Transformações, 135
  3. Comparação de números decimais, 138
  4. Números decimais e fracionários na reta numérica, 141

UNIDADE 9: Operações com números decimais 142
  1. Adição e subtração com números decimais, 142
  2. Multiplicação com números decimais, 145
  3. Divisão com números decimais, 148
  4. Potenciação de números decimais, 151
  5. Cálculo de porcentagens, 152

PROGRAMA DE RESOLUÇÃO DE PROBLEMAS 157

PARTE 4

RECORDE 160

UNIDADE 10: Polígonos 162
  1. Localização, 162
  2. Polígono, 163
  3. Triângulo, 166
  4. Quadrilátero, 169
  5. Construção de figuras semelhantes, 174

UNIDADE 11: Medidas de comprimento e medidas de superfície 175
  1. Grandezas, 175
  2. Medidas de comprimento, 175
  3. Medidas de superfície, 179
  4. Perímetro e área, 181
  5. Área de retângulos, 184
  6. Área de um triângulo retângulo, 188

UNIDADE 12: Medidas de tempo, massa, temperatura,
               espaço e capacidade 189
  1. Medidas de tempo, 189
  2. Medidas de massa, 192
  3. Medida de temperatura, 193
  4. Medidas de espaço, 194
  5. Volume de paralelepípedos, 195
  6. Medidas de capacidade, 196

PROGRAMA DE RESOLUÇÃO DE PROBLEMAS 198

CONHEÇA O SEU CADERNO DE ATIVIDADES

Este caderno foi produzido com o objetivo de ajudá-lo a compreender melhor os conteúdos estudados nas unidades do seu livro de Matemática. As atividades aqui propostas exploram a compreensão de alguns conceitos e incentivam a prática de alguns procedimentos.

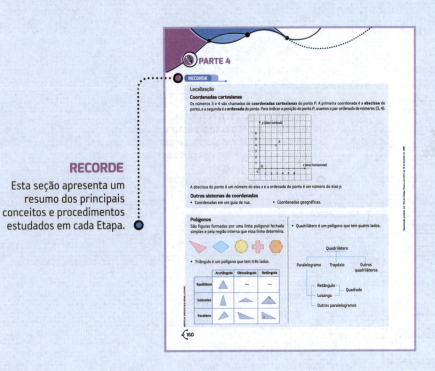

RECORDE
Esta seção apresenta um resumo dos principais conceitos e procedimentos estudados em cada Etapa.

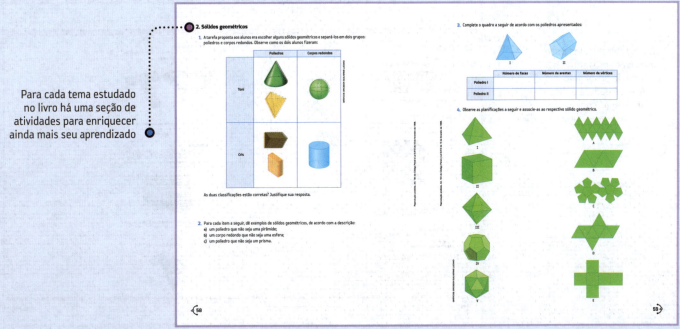

Para cada tema estudado no livro há uma seção de atividades para enriquecer ainda mais seu aprendizado

PROGRAMA DE RESOLUÇÃO DE PROBLEMAS

Esta seção tem o objetivo de apresentar diversas estratégias para resolver um problema e de proporcionar a reflexão a respeito de cada etapa da resolução e sobre a resposta encontrada.

Desse modo, você aprende a ler, a interpretar e a organizar os dados de diversos problemas e enriquece seu repertório de estratégias para a resolução deles.

Este programa é desenvolvido em duas etapas: *Estratégia para conhecer* e *Problemas para resolver*.

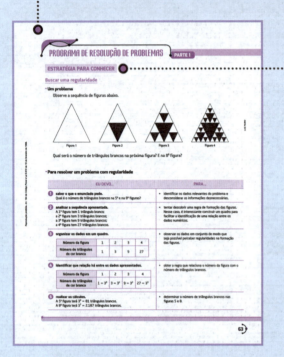

Em *Estratégia para conhecer*, é demonstrada passo a passo a estratégia de resolução de um problema, o que lhe possibilitará solucionar os problemas sugeridos na próxima etapa.

A etapa *Problemas para resolver* apresenta uma série de problemas em que você poderá aplicar as estratégias conhecidas na etapa anterior.

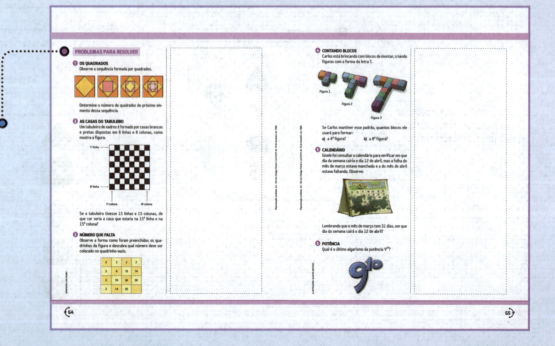

PARTE 1

RECORDE

Os números naturais
A sequência dos números naturais é: 0, 1, 2, 3, 4, 5, 6, 7, 8, 9, 10, 11, 12, 13, ...

Sistema de numeração indo-arábico
- Com 10 **algarismos** pode-se representar qualquer número: 0, 1, 2, 3, 4, 5, 6, 7, 8 e 9.
- É um **sistema decimal**: contamos quantidades formando grupos de 10.
- É um **sistema posicional**: o valor de cada algarismo depende de sua posição na representação do número.

$$33 \longrightarrow 3$$
$$\longrightarrow 3 \times 10 = 30$$

- Há um símbolo que representa o **zero**: 0

Outros sistemas de numeração
- Egípcio
- Babilônico
- Romano
- Maia

Operações

- **Adição**: $2 + 3 = 5$ — soma ou total; parcelas

  As propriedades são:
  Comutativa: $5 + 3 = 3 + 5$
  Associativa: $(12 + 5) + 7 = 12 + (5 + 7)$
  Elemento neutro: $15 + 0 = 0 + 15 = 15$

- **Subtração**: $3 - 1 = 2$ — diferença ou resto (d); subtraendo (s); minuendo (m)

  A relação fundamental da subtração é:
  $$m - s = d \Leftrightarrow s + d = m$$

- **Multiplicação**: $2 \cdot 3 = 6$ — produto; fatores

  As propriedades são:
  Comutativa: $5 \cdot 3 = 3 \cdot 5$
  Associativa: $(12 \cdot 5) \cdot 4 = 12 \cdot (5 \cdot 4)$
  Elemento neutro: $15 \cdot 1 = 1 \cdot 15 = 15$
  Distributiva em relação à adição:
  $3 \cdot (5 + 4) = 3 \cdot 5 + 3 \cdot 4$

- **Divisão**:

  $\begin{array}{r|l} 15 & 2 \\ 1 & 7 \end{array}$ — dividendo (D); divisor (d); quociente (q); resto (r)

  A divisão pode ser exata ou não exata.

  $\begin{array}{r|l} D & d \\ 0 & q \end{array}$ $D = d \cdot q$ divisão
            $r = 0$ exata

  $\begin{array}{r|l} D & d \\ r & q \end{array}$ $D = d \cdot q + r$ divisão
            $r < d$ e $r \neq 0$ não exata

- **Potenciação**: $5^2 = 5 \cdot 5 = 25$ — expoente; potência; base

- **Raiz quadrada**: $\sqrt{64} = 8$
  Números quadrados perfeitos: 1, 4, 9, 16, 25, 36, ...
  A raiz quadrada de um quadrado perfeito é um número natural.

Expressões numéricas

- Ordem de resolução quanto às operações:
  1º) potenciação e raiz quadrada
  2º) multiplicação e divisão
  3º) adição e subtração

- Ordem de resolução quanto aos sinais de associações:
  1º) parênteses ( )
  2º) colchetes [ ]
  3º) chaves { }

Uma classificação dos sólidos geométricos

Poliedros	Corpos redondos
Prismas	Cilindro
Pirâmides	Cone
Outros	Esfera

Elementos de um poliedro

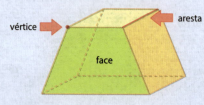

vértice, aresta, face

Planificação da superfície de um poliedro

Poliedro → Planificação de sua superfície

UNIDADE 1 Números naturais e sistemas de numeração

1. Números naturais

1. Marque com um **X** as situações em que se empregam somente números naturais.

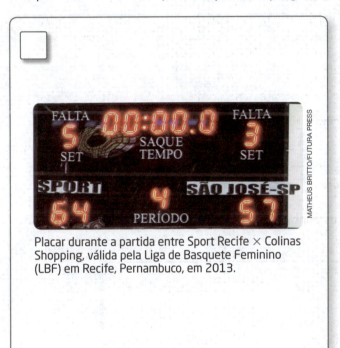

Placar durante a partida entre Sport Recife × Colinas Shopping, válida pela Liga de Basquete Feminino (LBF) em Recife, Pernambuco, em 2013.

2. Escreva a sequência dos números naturais.

3. Complete o esquema com os símbolos usados nas comparações de *menor que*, *maior que* e *igual a* e dê exemplos com números naturais.

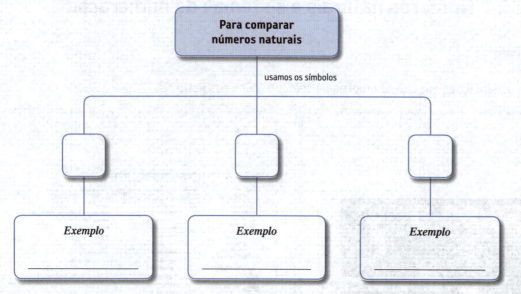

4. Desenhe uma reta numérica e represente nessa reta os pontos correspondentes aos números 0, 1, 5 e 7.

5. Identifique o antecessor do número natural que está no quadro azul e escreva-o no quadro verde.

6. Identifique o sucessor do número natural que está no quadro verde e escreva-o no quadro azul.

a) 5
b) 8
c) 11
d) 14
e) 23
f) 32
g) 37
h) 44
i) 99

7. Escreva a sequência de 8 números naturais pares consecutivos em que o primeiro termo é 4.

_____

8. Escreva a sequência de 6 números naturais ímpares consecutivos em que o último termo é 17.

_____

9. Analise as sequências a seguir e descubra a regra para encontrar o próximo termo de cada uma.
   a) 0, 1, 2, 3, 4, ...

   _____

   b) 2, 4, 6, 8, ...

   _____

   c) 15, 20, 25, 30, 35, ...

   _____

   d) 20, 30, 40, 50, ...

   _____

10. Considerando uma sequência de números naturais, determine:

   a) o antecessor de 4: _____

   b) o sucessor de 225: _____

   c) o antecessor do antecessor de 14: _____

   d) o sucessor do sucessor de 78: _____

11. Faça o que se pede.
   a) Identifique os 4 menores números naturais pares consecutivos que estão entre os números 199 e 210.

   _____

   b) Identifique os 7 maiores números naturais ímpares consecutivos que estão entre os números 100 e 120.

   _____

12. Rita pensou nos seis primeiros números naturais ímpares e escreveu-os em um papel. Caio pensou em dez números naturais consecutivos, começando do número 10, e também os anotou em um papel. Qual é o número que se repete nas duas sequências?

13. Leia o texto e responda.

Até o ano de 2017, apenas 10 times brasileiros de futebol conquistaram a Taça Libertadores da América. São eles: São Paulo, em 1992, 1993 e 2005; Santos, em 1962, 1963 e 2011; Cruzeiro, em 1976 e 1997; Grêmio, em 1983, 1995 e 2017; Flamengo, em 1981; Vasco, em 1998; Palmeiras, em 1999; Internacional, em 2006 e 2010; Corinthians, em 2012; e Atlético Mineiro, em 2013.

a) Quais times brasileiros venceram mais vezes a Taça Libertadores da América?

_____

b) Qual foi o primeiro time brasileiro a vencer a Taça Libertadores da América?

_____

Troféu da Taça Libertadores da América.

14. Represente na reta numérica os pontos correspondentes aos números 999, 1.001, 1.003, 1.000 e 1.002.

15. Cinco amigos, Adilson (A), Beto (B), Carlos (C), Danilo (D) e Evandro (E), estão disputando uma corrida de 400 metros. A reta a seguir mostra a posição em que se encontra cada um deles nessa corrida.

Escreva em ordem decrescente as distâncias, em metros, percorridas pelos amigos.

_____

16. No trecho de uma rodovia de São Paulo, há vários pontos de parada de ônibus. Na reta abaixo, está representada a localização desses pontos.

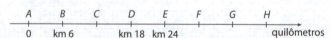

Após analisar a reta, responda: em que posição se encontram os pontos de parada de ônibus C, F, G e H?

_____

2. Sistemas de numeração

1. Complete os quadros com os símbolos dos sistemas de numeração maia, babilônico, egípcio e indo-arábico (símbolos que usamos no dia a dia).

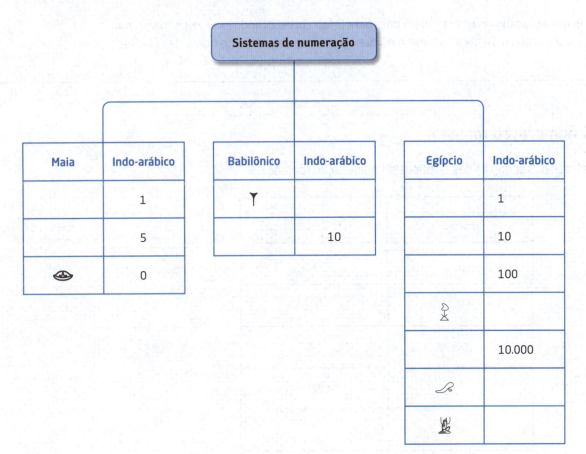

2. Usando os símbolos dos sistemas de numeração egípcio, babilônico e maia, complete o quadro.

Número	Egípcio	Babilônico	Maia
4	IIII		
10			
21			
33			
49			

3. Traduza os números a seguir para o sistema indo-arábico.

a) ↑∩∩II _____

b) 𓏺 ||||| / |||| _____

c) ◄ ʏʏ _____

d) ◄◄◄◄ ʏ _____

e) ═ _____

f) ⋮⋮⋮ _____

4. O saldo, em reais, da conta bancária de uma empresa, se fosse expresso no sistema de numeração egípcio, seria representado pelos seguintes símbolos:

𓃒𓃓𓋿𓏲𓏲𓏲𓏲𓆼𓆼∩∩∩∩||

Indique o saldo que essa empresa tem em sua conta bancária, representando esse valor no sistema de numeração indo-arábico. Depois, escreva o número por extenso, usando o nome das classes.

___

3. Sistema de numeração romano

1. Escreva os valores dos símbolos dos sistemas de numeração romano.

Sistema de numeração romano	Quanto vale
	1
V	
X	
	50
C	
D	
	1.000

2. Juca, Lucas e Pedro colecionam figurinhas. A quantidade de figurinhas de Juca pode ser representada pelo número XLIX; a quantidade de Lucas, por 𒁹 𒌋𒌋𒌋𒁹𒁹𒁹 ; e a quantidade de Pedro, por ⋮⋮⋮ .

De acordo com essas informações, classifique em V (verdadeira) ou F (falsa) cada sentença.

a) (   ) A quantidade de figurinhas de Pedro é maior que a de Juca.
b) (   ) A quantidade de figurinhas de Lucas é menor que a de Pedro.
c) (   ) A quantidade de figurinhas de Juca é menor que a de Lucas.

3. Reescreva as frases abaixo usando os símbolos do sistema de numeração romano.

a) Luís 16 foi um dos reis da França no século 18.

___

b) No ano 2001 começou o século 21.

___

4. Acompanhe os procedimentos para escrever o número MCMLXXIV com os números que você conhece e complete os passos que faltam.

1. Inicialmente, verificamos se:
   - I aparece antes de V ou de X;
   - X aparece antes de L ou de C;
   - C aparece antes de D ou de M.

2. Agrupamos os símbolos considerando o passo 1 e calculamos o valor de cada agrupamento.

3. Adicionamos os valores obtidos no passo anterior.

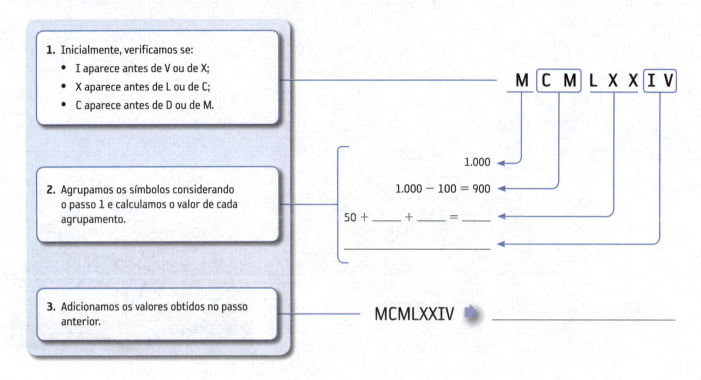

1.000
1.000 − 100 = 900
50 + ____ + ____ = ____

MCMLXXIV ▶ _____

5. Observe o quadro a seguir e verifique se há algum erro. Justifique.

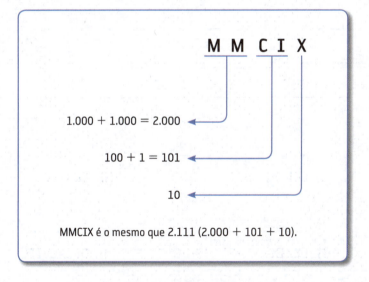

M M C I X

1.000 + 1.000 = 2.000
100 + 1 = 101
10

MMCIX é o mesmo que 2.111 (2.000 + 101 + 10).

_____
_____
_____
_____

6. Escreva os números a seguir usando o sistema de numeração romano.

a) 11

b) 37

c) 55

d) 78

e) 129

f) 154

g) 580

h) 1.391

i) 2.009

j) 3.489

7. Resolva o problema.

Acabei de ler o capítulo XXIX de um livro cujo último capítulo é o LX. Quantos capítulos faltam para que eu termine de ler esse livro?

8. Descubra que números são estes:

a) IV

b) XIII

c) XIX

d) XXVI

e) LXI

f) LXXIX

g) XCV

h) CCXXXIII

i) CDXLIV

j) DCCXCVIII

k) CMLVII

l) MMMCCXCII

4. Sistema de numeração indo-arábico

1. Organize as quatro características principais do sistema de numeração indo-arábico no diagrama abaixo.

> **DICAS**
> - Esse sistema é decimal?
> - Esse sistema é posicional?
> - Há um símbolo para representar a ausência de unidade? Em caso afirmativo, qual é esse símbolo?
> - Quantos símbolos (ou algarismos) há nesse sistema de numeração e quais são eles?

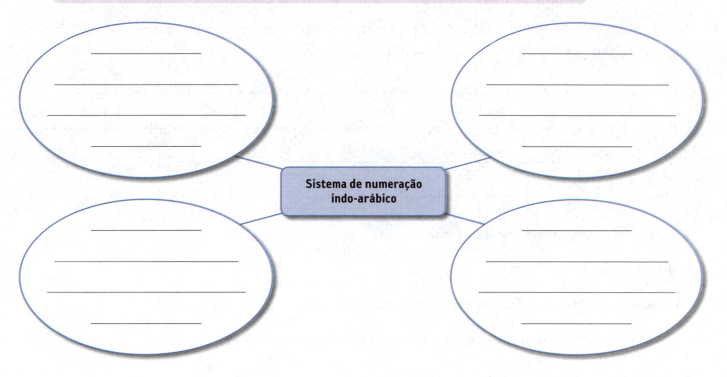

2. Indique a ordem de cada algarismo de acordo com a posição que ocupa em cada número.

a)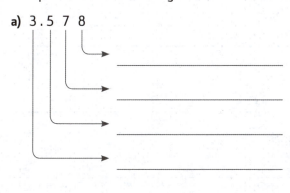

b)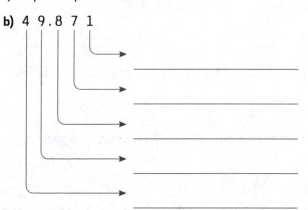

3. Determine quantas unidades indica o algarismo 8 em cada um dos números.

a) 1.578 _____

b) 32.687 _____

c) 43.822 _____

d) 78.157 _____

4. Complete.

Uma indústria produziu 5 dezenas de milhar de camisetas. Isso significa que foram produzidas _____ camisetas.

5. Escreva os números usando o nome das classes.

   a) 2.589.000

   _____
   _____
   _____

   b) 50.111.069.230

   _____
   _____
   _____
   _____

6. Escreva os números usando apenas algarismos.

   a) um milhão e quinhentos mil: _____

   b) catorze bilhões, doze milhões, trezentos mil e sete: _____

   c) vinte e seis bilhões, quinze milhões, seiscentos e trinta e dois mil e quarenta: _____

7. Escreva o número formado por:

   a) 6 centenas + 2 dezenas + 1 unidade

   _____

   b) 4 unidades de milhar + 7 dezenas + 3 unidades

   _____

   c) 6 dezenas de milhar + 7 centenas + 8 dezenas + 5 unidades

   _____

8. (Prova Brasil) Na biblioteca pública de Cachoeiro de Itapemirim (ES), há 112.620 livros. Decompondo esse número nas suas diversas ordens, temos:

   a) 12 unidades de milhar, 26 dezenas e 2 unidades.
   b) 1.126 centenas de milhar e 20 dezenas.
   c) 112 unidades de milhar e 620 unidades.
   d) 11 dezenas de milhar e 2.620 centenas.

9. Carla fez uma pesquisa na internet sobre alguns matemáticos que ficaram famosos por suas contribuições no campo da Matemática. Os resultados indicaram que, no século XIX, o francês Évariste Galois contribuiu para as estruturas algébricas; no século III a.C., o grego Arquimedes contribuiu para a aplicação da geometria à prática e o grego Euclides fundamentou a geometria; no século VIII, o persa Al-Khwarizmi contribuiu para as bases teóricas da álgebra moderna; no século XVII, o francês René Descartes contribuiu para a geometria analítica.

Organize esses dados em um quadro, colocando os nomes dos matemáticos, sua nacionalidade, as contribuições deles no campo da Matemática e o século em que viveu cada um. Lembre-se de dar um título ao quadro.

10. João, aluno do 6º ano A, resolveu fazer uma brincadeira na classe. Ele pesquisou em maio de 2018 o ano de nascimento dos seus colegas e representou-os com símbolos romanos. Ele incluiu também o ano de seu nascimento. Os dados obtidos foram organizados na tabela a seguir.

ANO DE NASCIMENTO DOS ALUNOS DO 6º ANO A	
Ano de nascimento	Número de alunos
MCMXCIX	2
MM	5
MMI	10
MMII	20

Dados obtidos por João em maio de 2018.

- Agora, com base nessas informações, faça o que se pede.

   a) Quantos alunos há nessa classe?

   b) Transforme os números representados com símbolos romanos em números do sistema de numeração indo-arábico.

11. Considerando os algarismos 5, 7 e 0, responda às questões a seguir.

a) Quantos números de dois algarismos podem ser formados? Escreva todos os números possíveis.

_____

b) Quantos números de três algarismos podem ser formados, sem que haja repetição de nenhum algarismo? Escreva todos os números possíveis.

_____

12. Lúcia estava jogando dominó com Felipe e propôs a ele o seguinte desafio: "Vou colocar três pedras de dominó, uma ao lado da outra, e você terá que descobrir qual será a próxima". Observe a seguir as pedras de dominó que Lúcia escolheu.

No quadro abaixo, desenhe a próxima pedra de dominó que Felipe deverá colocar nessa sequência.

13. (Enem) João decidiu contratar os serviços de uma empresa por telefone através do SAC (Serviço de Atendimento ao Consumidor). O atendente ditou para João o número de protocolo de atendimento da ligação e pediu a ele que o anotasse. Entretanto, João não entendeu um dos algarismos ditados pelo atendente e anotou o número 1 3 _ 9 8 2 0 7, sendo que o espaço vazio é o do algarismo que João não entendeu.

De acordo com essas informações, a posição ocupada pelo algarismo que falta no número de protocolo é a de:

a) centena.
b) dezena de milhar.
c) centena de milhar.
d) milhão.
e) centena de milhão.

UNIDADE 2 Operações com números naturais

1. As operações no dia a dia

1. Uma fábrica de roupas produziu no primeiro trimestre 5.807 peças. No segundo trimestre, produziu 673 peças a mais que no primeiro trimestre. Com base nesses dados, responda às questões.

a) Quantas peças a fábrica produziu no segundo trimestre?

b) Quantas peças a empresa produziu no semestre?

2. Márcia desafiou Vítor para um jogo de dardos, de acordo com o alvo representado a seguir. Ela jogou 5 dardos: acertou o primeiro na cor verde; o segundo na cor vermelha; o terceiro não acertou o alvo; o quarto na cor verde; e o quinto na cor amarela. Vítor, seu adversário, também jogou 5 dardos: acertou o primeiro na cor amarela; o segundo e o terceiro dardos não acertaram o alvo; o quarto na cor vermelha; e o quinto na cor amarela.

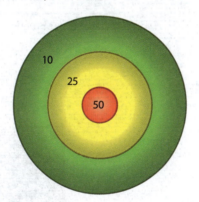

Com base nessas informações, responda às questões.

a) Quantos pontos Márcia fez nesse jogo?

b) Quantos pontos Vítor fez nesse jogo?

c) Quem fez o maior número de pontos?

2. Adição com números naturais

1. Observe as ilustrações a seguir. Nelas, estão descritas as etapas da adição de 1.499 com 509. Complete as falas do aluno, explicando os procedimentos de cada etapa.

Escrevo o 509 embaixo do 1.499, alinhando as unidades dos dois números.

Somo as _____ do primeiro número com as _____ do outro número, obtendo _____.

_____ é igual a _____ dezena e _____ unidades. Escrevo as 8 unidades no total e indico o 1 que devo somar com as dezenas dos números.

9 dezenas mais 1 dezena é igual a _____ ou _____ centena. Escrevo, no total, que há _____ dezena e indico o 1 que devo somar com as centenas dos números.

_____ mais _____ mais _____ é igual a _____ centenas ou _____ unidade de milhar.

Escrevo, no total, que há _____ centena e indico o 1 que devo somar com as unidades de milhar do 1.499.

```
  1 1 1
  1499
+  509
  ————
   008
```

```
  1 1 1
  1499
+  509
  ————
  2008
```

_____ mais _____ é igual a _____.

Então, escrevo _____ no total, indicando _____.

- Descreva como você faria o cálculo anterior mentalmente.

_____
_____
_____
_____
_____
_____

- Converse com um colega e veja se a maneira como ele calculou mentalmente é diferente da sua.

2. Calcule.

a) 14 + 234

b) 55 + 121

c) 47 + 561

d) 99 + 1.001

e) (139 + 22) + 178

f) 2.367 + (3.789 + 33)

g) (15.744 + 127) + (8.356 + 273)

h) (999.541 + 336) + (512.633 + 414)

3. Resolva os problemas.

a) Em um ginásio de esportes, havia 7.542 torcedores argentinos e 8.371 torcedores brasileiros assistindo a um jogo das seleções de basquete. Sabendo que durante o jogo chegaram mais 310 torcedores, sendo 174 argentinos e 136 brasileiros, quantos torcedores assistiram ao jogo no ginásio?

Jogo de basquete entre Brasil e Argentina nas Olimpíadas do Rio de Janeiro em 2016.

b) Gordon Haller foi o primeiro triatleta a ganhar, em 1978, uma prova de triatlo chamada *Ironman* (Homem de ferro), realizada no Havaí. Sabendo que nessa prova ele nadou 3.860 metros em 1 hora e 20 minutos, pedalou 180.250 metros em 6 horas e 56 minutos e correu uma maratona de 42.195 metros em 3 horas e 30 minutos, responda.

• Qual foi a distância total, em metro, percorrida pelo atleta?

Triatletas em início da competição *Ironman* em Budapeste, Hungria, em 2016.

• Em quanto tempo o atleta completou a prova?

4. (Prova Brasil) No mapa ao lado está representado o percurso de um ônibus que foi de Brasília a João Pessoa e passou por Belo Horizonte e Salvador.

Quantos quilômetros o ônibus percorreu ao todo?

a) 1.670 km   c) 2.386 km
b) 2.144 km   d) 3.100 km

5. Na lanchonete do João estava afixado este quadro de preços:

LANCHONETE "BOM APETITE"	
Coxinha	R$ 2,00
Cachorro-quente	R$ 3,00
Pastel	R$ 4,00
Minipizza	R$ 5,00
Suco	R$ 2,00
Vitamina de frutas	R$ 4,00
Água	R$ 3,00
Sorvete (picolé)	R$ 1,00

Três amigos entraram nessa lanchonete e fizeram os seguintes pedidos:
- André: 1 cachorro-quente, 1 suco e 1 sorvete.
- Cléber: 2 *minipizzas*, 1 vitamina e 2 sorvetes.
- Danilo: 1 coxinha, 1 pastel, 1 água e 1 sorvete.

Qual foi o total da conta paga pelos amigos juntos?

6. Beatriz pensou nos algarismos 0, 3 e 4 e escreveu todos os números possíveis, formados por 2 algarismos, podendo repeti-los. Depois, ela fez a soma desses números e anotou-os em um papel. Qual foi a soma encontrada por Beatriz?

3. Subtração com números naturais

1. Observe as ilustrações a seguir. Nelas, estão descritas as etapas para subtrair 509 de 1.000. Complete as falas da aluna, explicando os procedimentos de cada etapa.

- Descreva como você faria o cálculo anterior mentalmente.

_____
_____
_____
_____
_____
_____

- Converse com um colega e veja se a maneira como ele calculou mentalmente é diferente da sua.

2. Observe a igualdade 112 − 44 = 68 e, depois, responda às questões.

a) Como é chamado o número 112?

_____

b) Como é chamado o número 44?

_____

c) Como é chamado o número 68, resultado da operação?

_____

3. Efetue.

a) 8.000 − 1.245

b) 21.345 − 11.002

c) 9.231 − (9.001 + 230)

d) 178.899 − (96.551 − 322)

4. Classifique em V (verdadeira) ou F (falsa).

a) 30 − 11 = 11 − 30 ☐

b) 25 − 12 = 20 − 7 ☐

c) 42 − 21 = 21 − 0 ☐

d) 111 − 75 ≠ 100 − 64 ☐

e) 79 − 62 ≠ 45 − 11 ☐

f) 861 − 433 ≠ 751 − 423 ☐

5. Responda às questões e justifique as respostas.

a) No conjunto dos números naturais, é possível efetuar a subtração 47 − 11?

_____

b) No conjunto dos números naturais, é possível efetuar a subtração 39 − 120?

_____

6. Resolva os problemas.

a) Um transatlântico com capacidade para levar 3.300 passageiros zarpou lotado do porto de Santos, em São Paulo, com destino à cidade de Lisboa, em Portugal. Sabendo que na viagem de volta havia 2.776 passageiros, quantos passageiros ficaram em Lisboa?

b) Pedro tem 123 reais e quer comprar um *skate* que custa 160 reais. Quantos reais faltam para Pedro conseguir comprar o *skate*?

7. Relacione cada subtração a uma adição.

Em cada item, escreva uma adição que você pode obter a partir de cada uma das subtrações.

a) $14 - 7 = 7$

b) $89 - 71 = 18$

c) $114 - 55 - 38 = 21$

d) $1.698 - 1.003 - 502 = 193$

8. Um motorista transitava por uma rodovia em direção à Cidade dos Números quando decidiu parar no quilômetro 36 para tomar um lanche. Quantos quilômetros faltam para o motorista chegar à Cidade dos Números, que fica no quilômetro 189 dessa rodovia?

9. Uma livraria recebeu 896 livros de literatura infantil. Com isso, seu estoque passou a ser de 1.923 livros. Quantos livros havia no estoque antes de receber os livros de literatura infantil?

10. Jorge comprou uma piscina de 1.000 litros para colocar no quintal de sua casa para o neto brincar. Ele já encheu a piscina com 678 litros de água. Quantos litros de água faltam para Jorge encher completamente a piscina?

11. (Obmep) Ao medir a cintura de Marta com uma fita métrica, Dona Célia observou que as marcas de 23 cm e 77 cm ficaram sobrepostas, como na figura. Qual é a medida da cintura de Marta?
   a) 23 cm
   b) 50 cm
   c) 54 cm
   d) 77 cm
   e) 100 cm

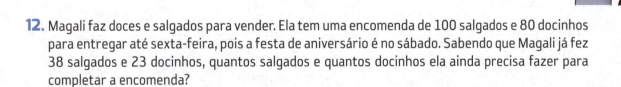

12. Magali faz doces e salgados para vender. Ela tem uma encomenda de 100 salgados e 80 docinhos para entregar até sexta-feira, pois a festa de aniversário é no sábado. Sabendo que Magali já fez 38 salgados e 23 docinhos, quantos salgados e quantos docinhos ela ainda precisa fazer para completar a encomenda?

13. A população de uma cidade era de 69.515 habitantes. Depois de alguns anos, passou a ser de 98.087 habitantes. Qual foi o aumento da população nesse período?

14. Calcule o valor das expressões numéricas.
a) 126 − (27 + 52)

c) 352 − (111 − 37) + 45

b) 254 − (136 − 13)

d) (901 − 41) − (833 − 265)

15. Juliana, Paula e Vanessa colecionam pulseiras. Juliana tem 35 pulseiras, Paula, 53, e Vanessa, 40. Cada uma delas ganhou 12 pulseiras de suas respectivas mães. Depois disso, Paula decidiu doar 8 pulseiras para Juliana e 5 pulseiras para Vanessa. Após a doação de pulseiras feita por Paula, com quantas pulseiras ficou cada uma delas?

16. Dona Vilma foi à sapataria levar quatro pares de calçados para consertar. Sabe-se que o preço cobrado pelo par de sandálias marrom foi 14 reais; pelo par de sandálias brancas, 12 reais; pelo par de botas, 24 reais; e pelo par de sapatos pretos, 18 reais. Quanto dona Vilma recebeu de troco se pagou a conta com uma nota de 100 reais?

17. (Obmep) Na tabela há um número escondido na casa azul e a soma dos números da primeira linha é igual à soma dos números da segunda linha. Qual é o número escondido?

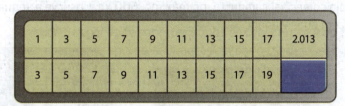

a) 1.995
b) 1.997
c) 1.999
d) 2.001
e) 2.005

18. Leonardo tem uma coleção de miniaturas de carros, composta de 68 carrinhos, um de cada modelo. Ele ganhou mais 5 miniaturas do seu pai, 3 da sua tia e 4 de seus avós. No entanto, ele percebeu que 6 delas são iguais aos modelos que já possui em sua coleção; então, resolveu presentear seu irmão com esses 6 carrinhos e ficou novamente com um carro de cada modelo.
A coleção de Leonardo tem agora quantos carrinhos?

4. Arredondamentos e cálculos aproximados

1. Mariana comprou um carro no valor de 28.560 reais e Gabriel comprou um barco no valor de 52.359 reais. Complete o quadro abaixo com o arredondamento pedido.

	ARREDONDAMENTO PARA		
	Centena mais próxima	Unidade de milhar mais próxima	Dezena de milhar mais próxima
28.560			
52.359			

2. Um elevador de serviço de um prédio comercial comporta, no máximo, 600 kg. Observe a seguir as caixas que serão transportadas em duas viagens.

Sem fazer cálculos exatos, estime as caixas que podem ir em cada viagem sem ultrapassar a capacidade máxima do elevador.
(Observação: não é necessário que uma pessoa acompanhe a carga, pois há alguém para descarregá-las no andar de destino.)

5. Multiplicação com números naturais

1. Identifique as situações em que a ideia da multiplicação esteja presente.

- Quantas latas há na pilha?

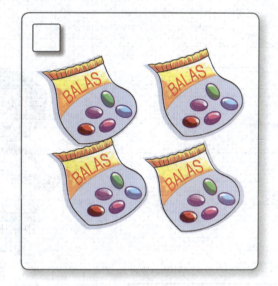

- Quantas balas há ao todo, sabendo que há 5 balas em cada pacote?

- Quantas combinações são possíveis com uma bermuda e uma camiseta?

- Quantos bombons há na caixa?

2. Observe as ilustrações a seguir. Nelas, estão descritas as etapas da multiplicação de 149 por 59 utilizando o algoritmo na forma usual. Escreva as falas do aluno, explicando o procedimento de cada etapa.

3. (Prova Brasil) A professora Célia apresentou a seguinte conta de multiplicar para os alunos:

$$\begin{array}{r} 3\,9\,6 \\ \times\ 5\,4 \\ \hline 1\,5\,\blacksquare\,4 \\ +\,1\,9\,\blacksquare\,0 \\ \hline 2\,1\,3\,\blacksquare\,4 \end{array}$$

O número correto a ser colocado no lugar de cada ■ é:
a) 2   b) 6   c) 7   d) 8

4. Analise a representação geométrica abaixo, identifique as multiplicações destacadas em cada cor e calcule-as para obter o total de quadradinhos.

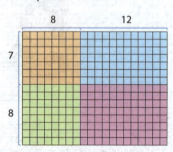

5. Efetue cada multiplicação usando o algoritmo da decomposição.
a) 10 · 65
c) 102 · 25

b) 84 · 72
d) 4.210 · 150

6. Sabendo que o dobro, o triplo e o quádruplo de um número são os produtos desse número por 2, por 3 e por 4, respectivamente, responda às questões.

a) Se em uma sala de aula B há 32 alunos, quantos alunos há na maior sala de aula da escola, que tem o dobro de alunos da sala de aula B?

b) Uma fábrica produz dois tipos de chocolate, ao leite e branco. Sabendo que essa fábrica produz 7.230 barras de chocolate branco por mês e que é fabricado o quádruplo de barras de chocolate ao leite por mês, quantas barras de chocolate ao leite são fabricadas mensalmente?

c) Alberto nada 1.500 metros diariamente e Carlos nada o triplo dessa distância. Quantos metros Carlos nada por dia?

7. Resolva os problemas.

a) Um médico receitou a Ricardo 2 comprimidos de um antibiótico a cada 8 horas durante 10 dias. Quantos comprimidos Ricardo terá de comprar para realizar o tratamento?

b) Comprei um computador em uma loja e vou pagá-lo em 12 prestações iguais de 137 reais. Em outra loja, comprei uma impressora e vou pagá-la em 12 prestações iguais de 28 reais. No total, quanto pagarei pelos dois produtos?

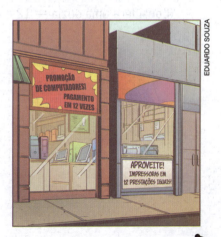

8. Analise as sentenças matemáticas e classifique-as em V (verdadeira) ou F (falsa).

a) $12 + (6 \cdot 7) \neq (7 \cdot 6) + 12$ ☐

b) $(4 \cdot 8) \cdot (5 \cdot 3) = (4 \cdot 5) \cdot (8 \cdot 3)$ ☐

c) $5 + (2 \cdot 3) < (1 \cdot 3) + 4$ ☐

d) $(34 - 16) \cdot (4 + 10) > (34 - 18) \cdot (4 + 10)$ ☐

e) $(40 - 10 \cdot 2) + 3 < 40 - (10 \cdot 2 + 3)$ ☐

f) $(4 + 3) \cdot (7 + 3) > (4 + 7) \cdot (4 + 3)$ ☐

9. (Obmep) Rita deixou cair suco no seu caderno, borrando um sinal de operação (+, −, × ou ÷) e um algarismo em uma expressão que lá estava escrita. A expressão ficou assim:

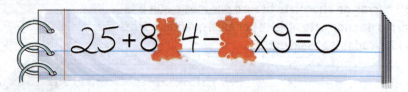

Qual foi o algarismo borrado?

a) 2   b) 3   c) 4   d) 5   e) 6

10. Alcides está reformando sua casa. Cada uma das janelas que ele pretende colocar necessita de 9 vidros pequenos no formato de quadrado. Sabendo que no total serão colocadas 8 janelas desse tipo, quantos vidros Alcides precisará comprar?

11. No sítio de José tem um galinheiro. Como as galinhas botam ovos diariamente, José recolhe, em média, duas dúzias de ovos por dia. Quantos ovos, em média, José recolherá em uma semana? (Considere uma dúzia = 12 e uma semana = 7 dias.)

12. Vanessa comprou um tênis e vai pagá-lo em 4 prestações de 48 reais. Qual é o valor do tênis?

13. Beatriz e Mônica foram à feira. Beatriz levou uma quantia de 25 reais, e Mônica levou o triplo da quantia levada por Beatriz. Em uma das bancas havia o seguinte cartaz:

Banana (a dúzia)	R$ 3,00
Laranja (a dúzia)	R$ 4,00
Abacaxi (a unidade)	R$ 2,00
Melancia (a unidade)	R$ 8,00
Tomate (o quilograma)	R$ 5,00

Sabendo que Beatriz comprou 2 dúzias de bananas, 2 quilogramas de tomates e 3 abacaxis e que Mônica comprou 2 melancias, 4 dúzias de laranjas, 2 quilogramas de tomates e 3 dúzias de banana, responda às questões.

a) Quanto Beatriz gastou?

b) Quanto Mônica gastou?

c) Com quantos reais cada uma voltou para casa?

14. Tereza faz bolos para festas. Observe uma de suas receitas favoritas.

Bolo de chocolate

4 ovos

4 colheres (sopa) de chocolate em pó

2 colheres (sopa) de manteiga

3 xícaras (chá) de farinha de trigo

2 xícaras (chá) de açúcar

1 xícara de leite

2 colheres (chá) de fermento em pó

Se Tereza receber uma encomenda de três bolos de chocolate, quais serão os ingredientes necessários para ela fazer esses bolos?

15. Rita vende trufas feitas em casa no valor de 3 reais cada uma. Ela faz, em média, 20 trufas por dia. Que valor Rita arrecadará em um mês, considerando que ela tenha vendido todas as trufas? (Considere que um mês tem 30 dias.)

6. Divisão com números naturais

1. Identifique as situações em que a ideia da divisão esteja presente.

- Há 430 lugares nesta sala de cinema, mas 417 ingressos já foram vendidos. Quantos ingressos restaram?

- Neste veículo de transporte escolar, há 15 lugares para passageiros. Quantas viagens o motorista deverá fazer para levar 45 alunos?

- Um prédio de 20 andares tem 80 apartamentos. Quantos apartamentos por andar há nesse prédio?

- Se em uma caixa cabem 18 bolinhas de gude, quantas bolinhas podem ser guardadas em 5 caixas?

2. Observe as ilustrações a seguir. Nelas, estão descritas as etapas da divisão de 5.460 por 52 utilizando o algoritmo usual. Complete as falas da aluna, explicando o procedimento de cada etapa.

- Estime.

Uma outra forma de dividir 5.460 por 52 é fazer uma estimativa.

1º) Faça uma aproximação dos números.

5.460 é aproximadamente _____.

52 é aproximadamente _____.

2º) Calcule mentalmente a divisão com os números aproximados.

☐ : ☐ = ☐

3. Identifique os termos da divisão e responda às questões.

```
 425 | 15
 −30   28
 125
−120
   5
```

a) Como se chama o número 425?

_____

b) Como se chama o número 15?

_____

c) Como se chama o número 28?

_____

d) Como se chama o número 5?

_____

e) Essa divisão é exata ou não exata?

_____

4. Calcule o quociente e o resto das divisões.
a) 145 : 5
b) 456 : 7
c) 689 : 11
d) 891 : 16
e) 1.340 : 34
f) 1.887 : 841

5. Se 1 minuto tem 60 segundos, a quantos minutos correspondem 900 segundos?

6. Resolva os problemas.
a) Durante uma partida no Maracanã, um jogador de futebol correu de uma linha de fundo à outra várias vezes. Sabe-se que a distância entre as duas linhas de fundo é de 110 metros e que o jogador correu ao todo 2.310 metros durante a partida. Quantas vezes esse jogador correu de uma linha de fundo à outra?

Vista aérea do Maracanã, Rio de Janeiro (RJ). Foto de 2017.

b) Um elevador carrega no máximo 700 quilogramas. Quantas viagens ele deve fazer para transportar certa quantidade de pessoas que, juntas, têm 10.800 quilogramas de massa?

c) Uma empresa de turismo comprou uma lancha no valor de 450.000 reais. De entrada, pagou um terço desse valor e o restante em 5 prestações sem acréscimo.

• Qual foi o valor de entrada pago pela empresa?

• Qual será o valor de cada prestação?

• Se cada prestação fosse de 30.000 reais, em quantas prestações a empresa pagaria pela lancha?

7. Calcule o valor das expressões.
a) $(18 + 15 \cdot 2) : 3$

c) $128 : 4 \cdot 8 : 2 + 2 \cdot 32 : 8 \cdot 2$

b) $(25 \cdot 14 : 7) \cdot (40 - 96 : 4)$

d) $(128 : 4) \cdot (8 : 2 + 2) \cdot 32 : (8 \cdot 2)$

8. Três amigas foram jantar em um restaurante. Na saída, dividiram igualmente a conta de 123 reais. Qual foi a quantia paga por cada amiga?

9. Elias vendeu sua coleção de gibis para uma loja de livros usados conhecida como sebo. Ele recebeu 384 reais pela venda de 32 gibis. Qual foi o valor recebido por cada gibi?

10. Rute pagou 90 reais na compra de 5 pacotes de meias. Cada pacote tinha 3 pares de meias. Qual foi o valor de cada par de meias?

11. O pai de Juca deu a ele 264 reais para que dividisse com mais dois irmãos. Quanto recebeu cada um dos filhos?

12. Marcela faz bombons e os vende em caixas. Cada caixa contém 35 bombons e custa 15 reais cada uma. Certo dia, ela fez uma receita que rendeu 280 bombons. Quanto Marcela recebeu pela venda de todas as caixas desses bombons?

13. Um grupo de 15 amigos alugou uma *van* para viajar e eles combinaram de dividir igualmente a quantia de 300 reais. No dia da viagem, faltaram 3 amigos. Então, os amigos presentes tiveram que pagar uma quantia a mais para completar os 300 reais. Qual é a quantia que cada amigo pagou a mais?

14. (Enem) Uma pesquisa realizada por estudantes da Faculdade de Estatística mostra, em horas por dia, como os jovens entre 12 e 18 anos gastam seu tempo, tanto durante a semana (de segunda-feira a sexta-feira) como no fim de semana (sábado e domingo). A tabela ao lado ilustra os resultados da pesquisa.

De acordo com essa pesquisa, quantas horas de seu tempo gasta um jovem entre 12 e 18 anos, na semana inteira (de segunda-feira a domingo), nas atividades escolares?

a) 20
b) 21
c) 24
d) 25
e) 27

Rotina juvenil	Durante a semana	No fim de semana
Assistir à televisão	3	3
Atividades domésticas	1	1
Atividades escolares	5	1
Atividades de lazer	2	4
Descanso, higiene e alimentação	10	12
Outras atividades	3	3

7. Potenciação com números naturais

1. Identifique as situações que envolvem o conceito de potenciação.

☐ Um prédio tem 4 andares, cada andar tem 4 apartamentos e cada apartamento tem 4 janelas. Quantas janelas há nesse prédio?

☐ Uma sorveteria vende 5 sabores de sorvete, 3 tipos de cobertura e 4 opções de frutas para acompanhar os sorvetes. Quantas opções de sorvete existem com 1 sabor, 1 fruta de acompanhamento e 1 cobertura?

☐ Roberto e Neusa tiveram 2 filhos. Cada filho teve 2 filhos e cada neto de Roberto e Neusa teve mais 2 filhos. Quantos bisnetos Roberto e Neusa tiveram?

2. Faça um esquema para representar uma das situações do exercício anterior em que a ideia da potenciação esteja presente.

3. Escreva na forma de potência.

a) 3 · 3 · 3 _____

b) 6 · 6 · 6 · 6 · 6 _____

c) 12 · 12 · 12 · 12 · 12 · 12 · 12 _____

d) 9 · 9 · 9 · 9 · 9 · 9 · 9 · 9 · 9 · 9 _____

4. Calcule.

a) 79^0

b) 2^5

c) 67^1

d) 1^9

e) 3^4

f) 4^6

5. Rose contou uma piada para 5 pessoas. Cada pessoa contou essa mesma piada para outras 5 pessoas, que, por sua vez, contaram para outras 5. Quantas pessoas ficaram sabendo da piada?

6. Houve um surto de gripe na cidade Esperança. No primeiro dia, três pessoas foram infectadas por esse vírus. Nos dias seguintes, o número de pessoas infectadas foi triplicando a cada dia. Em quantos dias a quantidade de pessoas infectadas pelo vírus atingiu o número de 6.561?

7. Uma embalagem contém 8 caixas. Cada caixa contém 8 saquinhos. Cada saquinho contém 8 balas. Quantas balas há nessa embalagem?

8. Determine o valor numérico das expressões.

a) $10 + 3^2 \cdot 9 - 2^3$

c) $4^2 + 3^3 + 7^2 + 1^3 - (6^2 + 5^2)$

b) $48 + (8^3 \cdot 2) \cdot 2^2 : 4^2$

d) $12^2 + 8^3 - (3^3 \cdot 2^3)$

9. Um grupo de 4 amigos resolveu fazer uma brincadeira. Cada um deles escreveu um número em uma ficha, como se observa abaixo.

Rui
0^{20}

Bia
1^{100}

Elias
2^1

Carol
1.000^0

Quem escreveu a potência de maior valor?

10. Responda à questão.

No vácuo, a velocidade da luz é de, aproximadamente, 300.000.000 de metros por segundo. Como podemos escrever esse número usando uma potência de base 10?

_____

11. Segundo a contagem da população de 2010, realizada pelo IBGE, o estado de São Paulo, o mais populoso do Brasil, tinha 41.262.199 habitantes. Decomponha o número de habitantes do estado de São Paulo usando potências de base 10.

12. Leia o texto abaixo e escreva os números com potências de base 10.

> [...] como, por exemplo, o nosso Sistema Solar que tem um diâmetro aproximado de 100.000.000.000 metros. E isto é muito pequeno se comparado com o tamanho da Galáxia onde vivemos com seus incríveis 100.000.000.000.000.000.000 metros de diâmetro. No entanto, ao lembrarmos que o Universo visível deve ter cerca de 100.000.000.000.000.000.000.000 metros de diâmetro, vemos que tamanhos assombrosos estão incluídos no estudo da Astronomia. [...]
>
> Usando números muito pequenos e números muito grandes. *Observatório Nacional*.
> Disponível em: <http://www.pousadavilatur.com.br/observatorio/documents/AstrofisicaEstelarON/c03_usando_num_pequenos_num.pdf>.
> Acesso em: 23 mar. 2018.

13. Observe a sequência 12; 120; 1.200; 12.000; ...

a) Escreva esses 4 termos usando potências de 10.

b) Qual é o sexto termo dessa sequência, escrito em potência de 10?

c) Quantos zeros tem o oitavo termo dessa sequência?

14. (Enem)

> Um dos grandes problemas da poluição dos mananciais (rios, córregos e outros) ocorre pelo hábito de jogar óleo utilizado em frituras nos encanamentos que estão interligados com o sistema de esgoto. Se isso ocorrer, cada 10 litros de óleo poderão contaminar 10 milhões (10^7) de litros de água potável.
>
> Manual de etiqueta. Parte integrante das revistas *Veja* (ed. 2055), *Cláudia* (ed. 555), *National Geographic* (ed. 93) e *Nova Escola* (ed. 208) (adaptado).

Suponha que todas as famílias de uma cidade descartem os óleos de frituras através dos encanamentos e consumam 1.000 litros de óleo em frituras por semana.

Qual seria a quantidade de litros de água potável contaminada por semana nessa cidade?

a) 10^{-2} b) 10^3 c) 10^4 d) 10^6 e) 10^9

8. Raiz quadrada

1. No quadro abaixo, determine a raiz quadrada de cada quadrado perfeito.

Quadrado perfeito	9	16	25	36	49
Raiz quadrada					

2. Calcule.

a) $\sqrt{64}$

b) $\sqrt{121}$

c) $\sqrt{169}$

d) $\sqrt{256}$

e) $\sqrt{324}$

f) $\sqrt{625}$

3. Escreva uma expressão e determine a soma das medidas dos lados do triângulo abaixo.

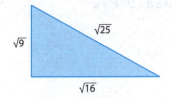

4. Determine o valor numérico das expressões.

a) $\sqrt{256} \cdot \sqrt{16} : 8^2$

b) $\left(\sqrt{64} + \sqrt{144}\right) \cdot 5$

c) $\left[\left(\sqrt{16}\right)^2 + 2^3\right] : \sqrt{36}$

d) $\left[(9^2 + 3^2) : \sqrt{100}\right] : \sqrt{81}$

e) $(10^2 + 5^2) : \left(\sqrt{121} - \sqrt{36}\right)$

f) $\left(10^3 : \sqrt{625}\right) \cdot \left(\sqrt{324} - \sqrt{9}\right)$

5. Hélio quer cercar um terreno com tela de arame. A figura abaixo ilustra as dimensões desse terreno.

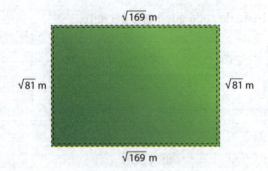

Quantos metros de tela de arame Hélio precisará comprar para cercar o terreno?

6. Bruna confeccionou duas cartelas de bingo para jogar com sua irmã Sara. Depois, ela pintou em bolinhas de gude os resultados necessários para a realização do jogo e as guardou dentro de um saquinho. Sara sorteou as bolinhas, uma por uma, e ambas foram marcando com um X os valores em suas respectivas cartelas, até que uma delas preencheu completamente a cartela e ganhou o jogo.

Observe a sequência do sorteio:

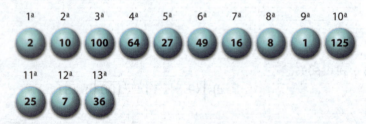

Nas cartelas abaixo, marque um X nos números sorteados, de acordo com a ordem de sorteio.

BRUNA		
5^2	10^2	6^2
$\sqrt{64}$	$\sqrt{4}$	4^3
1^{20}	7^2	$\sqrt{9}$

SARA		
2^3	5^3	4^2
$\sqrt{100}$	$\sqrt{49}$	8^2
10^0	6^2	3^3

Quem ganhou o jogo?

_____

7. Na reta numérica abaixo, escreva os números 0^4, 2^3, 3^2, 4^1, 7^1, 10^0, $\sqrt{4}$, $\sqrt{9}$, $\sqrt{25}$, $\sqrt{36}$ e $\sqrt{100}$ dentro dos quadrados, de acordo com sua posição na reta.

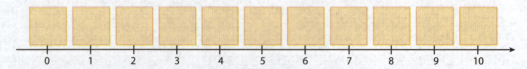

8. Observe a tabela de medalhas das Olimpíadas de Inverno de 2018, com os dez primeiros colocados, de acordo com o número de medalhas conquistadas.

	PAÍS	OURO	PRATA	BRONZE	TOTAL
1	Noruega	14	14	11	39
2	Alemanha	14	10	7	31
3	Canadá	11	8	10	29
4	Estados Unidos	9	8	6	23
5	Holanda	8	6	6	20
6	Suécia	7	6	1	14
7	Coreia do Sul	5	7	5	17
8	Suíça	5	6	4	15
9	França	5	4	6	15
10	Áustria	5	3	6	14

QUANTIDADE DE MEDALHAS OBTIDAS POR PAÍS NAS OLIMPÍADAS DE INVERNO DE 2018

Disponível em: <http://interativos.globoesporte.globo.com/olimpiadas-de-inverno/quadro-de-medalhas/2018>.
Acesso em: 2 mar. 2018.

- Agora, responda às questões.
  a) Qual é o total de medalhas conquistadas pela Noruega?

  b) Quantas medalhas o Canadá conquistou a mais que a França?

  c) Qual é a diferença entre o total de medalhas dos países que ficaram na 1ª e na 2ª colocação?

  d) Entre esses dez países, qual foi o país que conquistou mais medalhas de bronze?

  e) Identifique no quadro os números que possuem raiz quadrada exata.

  f) Calcule a raiz quadrada dos números encontrados no item **e**.

9. Igualdade

1. Observe as seguintes balanças em equilíbrio:

Como é possível descobrir a massa de cada um dos livros vermelhos?

2. Explique o que foi feito de errado em cada igualdade.

a) $23 - 20 = 2 + 1$
   $2 \times 23 - 20 = 2 \times 2 + 1$
   $46 - 20 = 4 + 1$
   $26 = 5??$

b) $52 \times 2 = 52 + 52$
   $(52 - 1) \times 2 = (52 - 1) + 52$
   $51 \times 2 = 51 + 52$
   $102 = 103??$

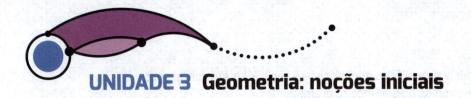

UNIDADE 3 Geometria: noções iniciais

1. Geometria em documentos históricos

1. Complete a descrição de alguns documentos históricos da Matemática.

	Papiro de Rhind	Tableta babilônica	*Os elementos de Euclides*
Local de origem			
Ano			
Exemplo de assunto matemático tratado			

2. Dê três exemplos do cotidiano nos quais você observa a Geometria aplicada.

___

2. Sólidos geométricos

1. A tarefa proposta aos alunos era escolher alguns sólidos geométricos e separá-los em dois grupos: poliedros e corpos redondos. Observe como os dois alunos fizeram:

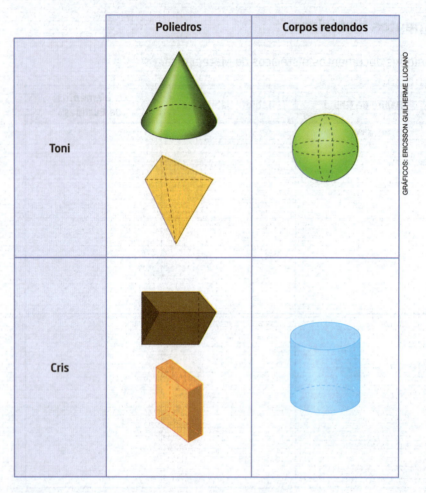

As duas classificações estão corretas? Justifique sua resposta.

2. Para cada item a seguir, dê exemplos de sólidos geométricos, de acordo com a descrição:
a) um poliedro que não seja uma pirâmide;
b) um corpo redondo que não seja uma esfera;
c) um poliedro que não seja um prisma.

3. Complete o quadro a seguir de acordo com os poliedros apresentados:

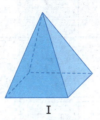 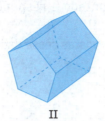

I II

	Número de faces	Número de arestas	Número de vértices
Poliedro I			
Poliedro II			

4. Observe as planificações a seguir e associe-as ao respectivo sólido geométrico.

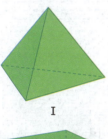

I

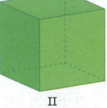

II

III

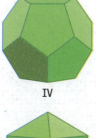

IV

V

A

B

C

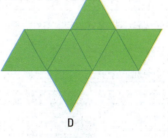

D

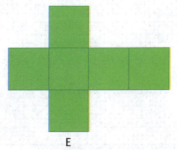

E

5. Observe o dado de cartolina que Valquíria desmontou.
Agora, imagine o dado de Valquíria montado e responda às questões.

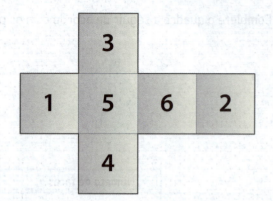

a) Qual é a soma dos números das faces opostas desse dado?

b) Qual é a soma dos números das faces vizinhas à face com o número 2?

6. Mariana comprou cartolina para fazer uma embalagem para colocar bombons. Observe na figura abaixo o formato da embalagem que Mariana fez.

Agora, desenhe na malha quadriculada a planificação dessa embalagem sabendo que ela é formada por quadrados e retângulos.

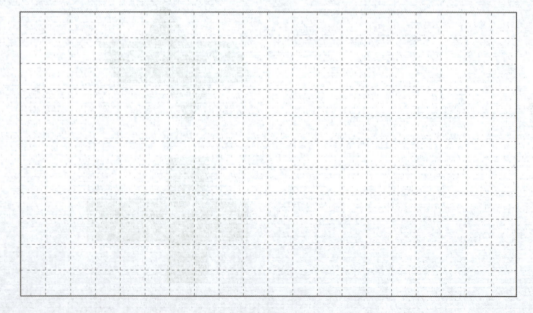

3. Figuras geométricas planas

1. As imagens a seguir lembram figuras geométricas planas ou não planas?

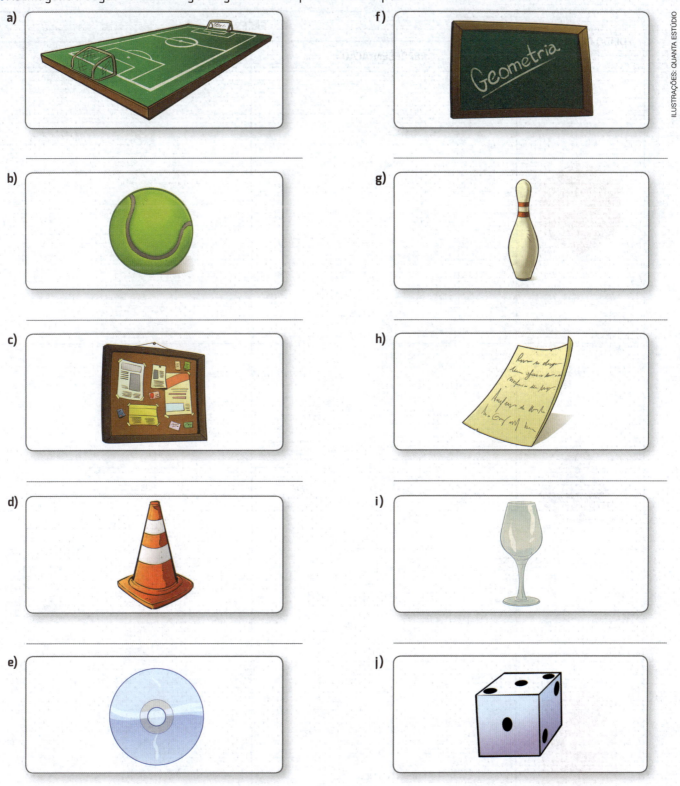

2. Explique como podemos diferenciar figuras geométricas planas de não planas usando o apoio de uma mesa.

3. Observe os sólidos a seguir e represente todas as suas faces diferentes, escrevendo os nomes dessas figuras geométricas planas.

SÓLIDO GEOMÉTRICO	FACES	
	REPRESENTAÇÃO	NOME

PROGRAMA DE RESOLUÇÃO DE PROBLEMAS

PARTE 1

ESTRATÉGIA PARA CONHECER

Buscar uma regularidade

- **Um problema**

  Observe a sequência de figuras abaixo.

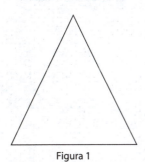
Figura 1

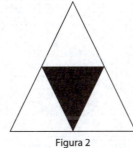
Figura 2

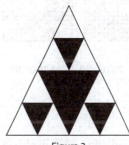
Figura 3

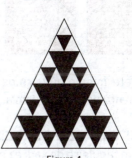
Figura 4

Qual será o número de triângulos brancos na próxima figura? E na 8ª figura?

- **Para resolver um problema com regularidade**

EU DEVO...	PARA...
❶ **saber o que o enunciado pede.** Qual é o número de triângulos brancos na 5ª e na 8ª figuras?	• identificar os dados relevantes do problema e desconsiderar as informações desnecessárias.
❷ **analisar a sequência apresentada.** A 1ª figura tem 1 triângulo branco; a 2ª figura tem 3 triângulos brancos; a 3ª figura tem 9 triângulos brancos; a 4ª figura tem 27 triângulos brancos.	• tentar descobrir uma regra de formação das figuras. Nesse caso, é interessante construir um quadro para facilitar a identificação de uma relação entre os dados numéricos.
❸ **organizar os dados em um quadro.** <table><tr><td>Número da figura</td><td>1</td><td>2</td><td>3</td><td>4</td></tr><tr><td>Número de triângulos de cor branca</td><td>1</td><td>3</td><td>9</td><td>27</td></tr></table>	• observar os dados em conjunto de modo que seja possível perceber regularidades na formação das figuras.
❹ **identificar que relação há entre os dados apresentados.** <table><tr><td>Número da figura</td><td>1</td><td>2</td><td>3</td><td>4</td></tr><tr><td>Número de triângulos de cor branca</td><td>$1 = 3^0$</td><td>$3 = 3^1$</td><td>$9 = 3^2$</td><td>$27 = 3^3$</td></tr></table>	• obter a regra que relaciona o número da figura com o número de triângulos brancos.
❺ **realizar os cálculos.** A 5ª figura terá $3^4 = 81$ triângulos brancos. A 8ª figura terá $3^7 = 2.187$ triângulos brancos.	• determinar o número de triângulos brancos nas figuras 5 e 8.

PROBLEMAS PARA RESOLVER

1) OS QUADRADOS

Observe a sequência formada por quadrados.

Determine o número de quadrados do próximo elemento dessa sequência.

2) AS CASAS DO TABULEIRO

Um tabuleiro de xadrez é formado por casas brancas e pretas dispostas em 8 linhas e 8 colunas, como mostra a figura.

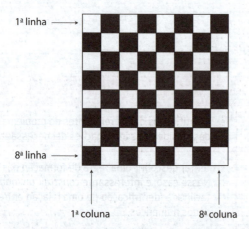

Se o tabuleiro tivesse 15 linhas e 15 colunas, de que cor seria a casa que estaria na 15ª linha e na 15ª coluna?

3) NÚMERO QUE FALTA

Observe a forma como foram preenchidos os quadrinhos da figura e descubra qual número deve ser colocado no quadrinho vazio.

2	2	2	2
2	6	10	14
2	10	26	50
2	14	50	

4 CONTANDO BLOCOS

Carlos está brincando com blocos de montar, criando figuras com a forma da letra T.

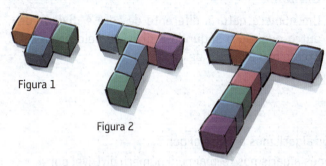

Figura 1

Figura 2

Figura 3

Se Carlos mantiver esse padrão, quantos blocos ele usará para formar:

a) a 4ª figura?   b) a 8ª figura?

5 CALENDÁRIO

Gisele foi consultar o calendário para verificar em que dia da semana cairia o dia 12 de abril, mas a folha do mês de março estava manchada e a do mês de abril estava faltando. Observe:

Lembrando que o mês de março tem 31 dias, em que dia da semana cairá o dia 12 de abril?

6 POTÊNCIA

Qual é o último algarismo da potência 9^{10}?

PARTE 2

RECORDE

Múltiplo
Um número natural é **múltiplo** de outro diferente de zero quando o primeiro é divisível pelo segundo.
Exemplo: 12 é múltiplo de 3.

Divisor
Um número natural diferente de zero é **divisor** de outro quando o segundo é divisível pelo primeiro.
Exemplo: 3 é divisor de 12.

Critérios de divisibilidade
- Um número natural é **divisível por 2** quando ele é par.
- Um número natural é **divisível por 3** quando a soma de seus algarismos é divisível por 3.
- Um número natural é **divisível por 4** quando seus dois últimos algarismos formam um número divisível por 4.
- Um número natural é **divisível por 5** quando termina em zero ou em 5.
- Um número natural é **divisível por 6** quando for divisível por 2 e por 3.
- Um número natural é **divisível por 8** quando seus três últimos algarismos formam um número divisível por 8.
- Um número natural é **divisível por 9** quando a soma de seus algarismos é divisível por 9.
- Um número natural é **divisível por 10** quando termina em zero.

Número primo
Um número natural que tem apenas dois divisores naturais distintos (o número 1 e o próprio número) é chamado número primo.
Exemplos: 2, 3, 17, 19, 23, 31, 37, 43.

Número composto
Números naturais maiores que 1 que não são primos são chamados números compostos.
Exemplos: 6, 8, 12, 27, 35.

Decomposição em fatores primos
Todo número natural maior que 1 e que não é primo pode ser decomposto em seus fatores primos.
Para obter a fatoração completa do número, podemos usar o processo de divisões sucessivas.

$$\begin{array}{r|l} 30 & 2 \\ 15 & 3 \\ 5 & 5 \\ 1 & \end{array} \quad 30 = 2 \cdot 3 \cdot 5$$

Representando uma fração
Em uma fração, o denominador é o número abaixo do traço e representa a quantidade de partes iguais em que o todo foi dividido. Já o número acima do traço, o numerador, indica a quantidade de partes consideradas do todo.

$$\text{numerador} \longrightarrow \frac{5}{6} \longleftarrow \text{denominador}$$

Lemos: "Cinco sextos"

Números mistos
Esse tipo de número representa mais que 1 inteiro e é indicado por uma parte inteira e uma parte fracionária.

$$1\frac{1}{4}$$
parte inteira — parte fracionária

Lemos: "Um inteiro e um quarto"

Frações equivalentes

São frações que representam o mesmo valor em relação a uma unidade. Para obtê-las, basta multiplicar ou dividir o numerador e o denominador de uma fração por um mesmo número natural diferente de zero.

Para **simplificar uma fração**, dividimos o numerador e o denominador por um mesmo número.

Se ao simplificar uma fração encontramos como numerador e denominador números primos entre si, dizemos que encontramos uma **fração irredutível**.

Comparações de frações

- **Numeradores diferentes e denominadores iguais**
  A maior fração será aquela que tiver o maior numerador.
- **Numeradores iguais e denominadores diferentes**
  A maior fração será aquela que tiver o menor denominador.
- **Numeradores e denominadores diferentes**
  As frações devem ser escritas com o mesmo denominador, situação que remete ao primeiro caso. Para isso, deve-se determinar o mmc entre os denominadores e encontrar frações equivalentes.

Operações

- **Adição e subtração**

  Denominadores iguais: $\frac{2}{3} + \frac{4}{3} = \frac{6}{3}$

  Denominadores diferentes:
  $\underbrace{\frac{7}{5} - \frac{1}{2}}_{\text{denominadores diferentes}} = \underbrace{\frac{14}{10} - \frac{5}{10}}_{\text{denominadores iguais}} = \frac{9}{10}$

- **Multiplicação**

  $\frac{5}{3} \cdot \frac{2}{7} = \frac{10}{21}$

- **Divisão**

  $\frac{1}{2} : \frac{3}{5} = \frac{1}{2} \cdot \underbrace{\frac{5}{3}}_{\text{inverso}} = \frac{5}{6}$

- **Divisão**

  Uma fração por um número natural
  Usa-se a ideia de dividir em partes iguais:

  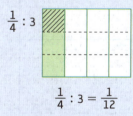

  $\frac{1}{4} : 3 = \frac{1}{12}$

  Um número natural por uma fração
  Usa-se a ideia de quantas vezes cabe:

  Quantas vezes $\frac{1}{4}$ cabe em 2?

  $2 : \frac{1}{4} = 8$

  Logo, $\frac{1}{4}$ cabe 8 vezes em 2.

  Uma fração por outra fração
  Usa-se a ideia de quantas vezes cabe:

  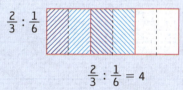

  $\frac{2}{3} : \frac{1}{6} = 4$

  Processo prático:
  Na divisão de uma fração por outra fração, multiplicamos a primeira pelo inverso da segunda.

Porcentagem

Frações com denominador 100 podem ser escritas na forma de porcentagem: 90%, 100%, 25% etc.

UNIDADE 4 Divisibilidade: múltiplos e divisores

1. Divisibilidade

1. Efetue as divisões e classifique-as em exatas ou não exatas. Depois, escreva frases relacionando os números com os termos divisível ou múltiplo.

Operação	Classificação	Frases
a) 18 ⎿ 9	Exata	• 18 é divisível por 9. • 18 é múltiplo de 9.
b) 99 ⎿ 7		• 99 não é divisível por 7. • 99 não é múltiplo de 7.
c) 39 ⎿ 3		
d) 185 ⎿ 11		
e) 480 ⎿ 20		
f) 1.578 ⎿ 13		
g) 6.696 ⎿ 279		

2. Observe o esquema abaixo e escreva, em cada quadro, os critérios de divisibilidade de cada número.

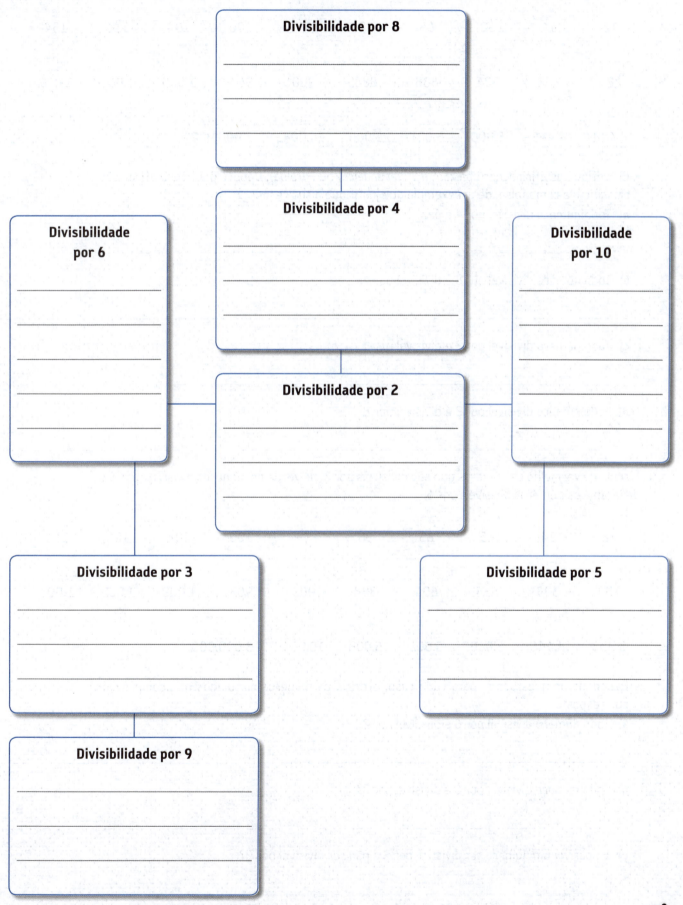

3. Circule de vermelho os números que são divisíveis por 2, de azul os números divisíveis por 4 e de roxo os números divisíveis por 8.

12	14	60	65	98	99	100	104	136	154
289	302	524	688	888	900	904	1.000	1.002	1.010
4.444	4.445	5.000	5.001	5.008	10.004	1.000.000			

- Classifique as afirmações abaixo em V (verdadeira) ou F (falsa). Depois, para cada afirmação classificada como falsa, dê um exemplo que justifique a sua resposta.

  a) Todo número divisível por 4 é par.

  _____

  b) Todo número divisível por 8 é divisível por 4.

  _____

  c) Todo número divisível por 2 é divisível por 4.

  _____

  d) Todo número divisível por 2 é divisível por 8.

  _____

4. Circule de vermelho os números que são divisíveis por 2, de verde os números divisíveis por 3 e de laranja os números divisíveis por 6.

12	14	15	65	98	99	100	102	106	154
189	303	534	684	888	900	903	1.000	1.002	1.003
3.333	4.446	5.000	5.001	5.008	10.004	3.000.000			

- Responda às questões e, para cada caso, escreva os números circulados que comprovam sua resposta.

  a) Todo número divisível por 6 é divisível por 2?

  _____

  b) Todo número divisível por 6 é divisível por 3?

  _____

  c) É possível um número ser divisível por 3 e não ser divisível por 2?

  _____

5. Circule de vermelho os números que são divisíveis por 2, de rosa os números divisíveis por 5 e de preto os números divisíveis por 10.

| 10 | 15 | 25 | 60 | 800 | 905 | 910 | 1.000 | 1.005 | 1.010 |

| 3.330 | 4.445 | 5.000 | 5.001 | 5.010 | 10.004 | 3.000.000 |

6. Circule de verde os números que são divisíveis por 3 e de roxo os números divisíveis por 9.

| 18 | 21 | 27 | 69 | 84 | 99 | 100 | 108 | 900 | 954 |

| 1.800 | 4.446 | 5.004 | 5.009 | 6.000 | 10.008 | 3.000.000 |

7. Utilizando os critérios de divisibilidade estudados, responda às questões.

a) O número 440 é divisível por 2, 3, 4 e 6? Justifique.

_____
_____
_____
_____
_____
_____
_____

b) Por quais números menores que 10 o número 7.530 é divisível? Justifique.

_____
_____
_____
_____
_____
_____
_____

c) Por quais números o número 101 é divisível?

_____

_____

_____

_____

8. Encontre os números naturais divisíveis por 2 e os números naturais divisíveis por 3 que estão entre 220 e 230.

9. Encontre os números naturais divisíveis por 4 e os números naturais divisíveis por 9 que estão entre 6.640 e 6.670.

10. Responda às questões.

a) Qual é o menor número com 4 algarismos que é divisível por 5?

_____

b) Qual é o maior número com 4 algarismos que é divisível por 4?

_____

c) Qual é o menor número com 7 algarismos que é divisível por 3?

_____

d) Qual é o maior número com 5 algarismos que é divisível por 2?

_____

e) Qual é o menor número com 3 algarismos que é divisível por 6?

_____

f) Qual é o maior número com 3 algarismos que é divisível por 8?

_____

g) Qual é o menor número com 5 algarismos que é divisível por 9?

_____

2. Múltiplos de um número natural

1. Determine o conjunto dos múltiplos de cada número e responda às questões.

M (1) = _____   M (9) = _____

M (2) = _____   M (10) = _____

M (3) = _____   M (11) = _____

M (4) = _____   M (12) = _____

M (5) = _____   M (13) = _____

M (6) = _____   M (14) = _____

M (7) = _____   M (15) = _____

M (8) = _____

- Existe algum número que está presente em todos os conjuntos? Qual?
  _____

- Qualquer número é sempre múltiplo dele mesmo?
  _____

- Quantos elementos há em cada conjunto dos múltiplos?
  _____

2. Responda às questões.

a) 81 é múltiplo de 9? _____   e) 45 é múltiplo de 15? _____

b) 36 é múltiplo de 12? _____   f) 360 é múltiplo de 10? _____

c) 97 é múltiplo de 5? _____   g) 550 é múltiplo de 8? _____

d) 73 é múltiplo de 7? _____   h) 999 é múltiplo de 999? _____

3. Calcule.

a) O número de moradores de um condomínio é par e múltiplo de 35.
Qual é o menor número de moradores desse condomínio?

b) Para fazer um trabalho em grupo, a professora precisa dividir a classe de 24 alunos em grupos de 3 a 5 pessoas. Calcule quais são as maneiras de dividir a classe mantendo todos os grupos com o mesmo número de alunos.

4. Numa pesquisa feita em uma cidade em julho de 2018, 1.500 pessoas opinaram sobre sua preferência musical. Veja o resultado dessa pesquisa no gráfico a seguir.

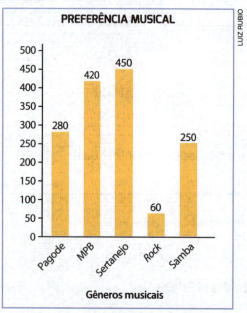

Dados obtidos pela prefeitura da cidade em julho de 2018.

Analisando o gráfico, responda:

a) Quantas pessoas preferem cada gênero musical?

b) Qual desses números é múltiplo de 3? E qual desses números é múltiplo de 3 e 7?

c) O departamento de cultura dessa cidade vai contratar 4 *shows*. Eles serão realizados no mesmo dia e no mesmo horário e serão oferecidos apenas para as pessoas que escolheram o gênero musical de maior preferência. Se todas essas pessoas forem aos *shows* é possível que, em cada *show*, haja o mesmo número de pessoas? Justifique sua resposta.

5. Mateus foi ao supermercado comprar balas para ele e seus 2 irmãos. Com o dinheiro que ele tinha era possível comprar até 65 balas, mas ele comprou uma quantidade que foi possível dividir igualmente entre os três irmãos, sem que houvesse sobra.

a) Qual foi a quantidade de balas que Mateus comprou, sabendo que foi a maior possível com o dinheiro que ele tinha?

b) Quantas balas recebeu cada irmão?

6. No Campeonato Sul-Americano, na modalidade de ginástica rítmica, cada equipe devia inscrever 6 ginastas. Ao final do período de inscrições, verificou-se que o número de inscritos ficou entre 160 e 165 ginastas. Quantas equipes foram inscritas?

7. João pesquisou em agosto de 2018 a idade e a massa de algumas pessoas.

ALTURA E MASSA DE ALGUMAS PESSOAS		
Nome	Idade (anos)	Massa (kg)
Ana	6	20
Bia	15	34
Caio	17	55
Didi	24	68
Elias	32	75

Dados obtidos por João em agosto de 2018.

a) Quais são as pessoas cujas idades são representadas por números múltiplos de 3?

b) Quais são as pessoas cujas massas são expressas por números múltiplos de 5?

c) A idade e a massa de Ana são expressas por múltiplos de um mesmo número natural. Qual é esse número?

8. A professora de Matemática disse para seus alunos:

"*A minha idade é um número múltiplo de 4 e, ainda, é divisor de 104*".

Qual é a idade da professora, sabendo que ela tem menos de 60 anos?

9. A tabela ao lado indica os ingredientes necessários para fazer uma fornada de 10 pães de batata.

a) Os números que representam a quantidade de cada ingrediente são múltiplos de um mesmo número natural. Qual é esse número?

PÃO DE BATATA	
Ingredientes	Quantidade (em grama)
Farinha de trigo	1.000
Batata cozida	500
Óleo	50
Ovos	125
Sal	20
Açúcar refinado	40
Fermento biológico fresco	40
Leite	75

Dados obtidos em: revista *Cálculo*. São Paulo: Segmento, n. 8, ano I, 2011.

b) Qual é a quantidade de batata cozida, em grama, para fazer 30 pães de batata?

c) Com 180 gramas de açúcar refinado é possível fazer uma fornada de 50 pães de batata? Justifique.

10. Observe o esquema abaixo:

Desenhe abaixo a figura da 101ª posição.

3. Divisores de um número natural

1. Determine o conjunto dos divisores de cada número e responda às questões.

D (1) = _____ D (9) = _____

D (2) = _____ D (10) = _____

D (3) = _____ D (11) = _____

D (4) = _____ D (12) = _____

D (5) = _____ D (13) = _____

D (6) = _____ D (14) = _____

D (7) = _____ D (15) = _____

D (8) = _____

- Que número é divisor de todos esses números?

_____

- Qualquer número é sempre divisor dele mesmo?

_____

- Você pode usar a lista de divisores de um número para ajudá-lo a listar os divisores de outro número? Dê um exemplo.

_____

2. Determine o conjunto dos divisores de cada número.

a) D (18)

b) D (20)

c) D (55)

d) D (72)

e) D (81)

f) D (150)

3. Carlos mora na rua dos Fatores, no número que é o maior divisor de 75, excluindo o próprio 75. Com base nessas informações, descubra o número da casa de Carlos.

4. Paula participou de uma partida de basquete e fez muitos pontos. Sabendo que o número de pontos marcados por ela foi o maior divisor de 80, excluindo o próprio 80, quantos pontos Paula marcou nessa partida?

5. Arthur tem uma coleção com menos de 40 chaveiros. Se ele separar esses chaveiros em grupos de 3, sobrará 1 chaveiro. E se separá-los em grupos de 7, sobrarão 2. Quantos chaveiros Arthur tem na sua coleção?

6. Paula pensou em um número que é o maior divisor de 74, excluindo o 74. Lucas pensou no menor divisor de 16, excluindo o número 1. Lídia pensou no maior divisor de 82, excluindo o número 82. Qual é a soma dos números pensados?

7. Maria Alice fez 315 bem-casados e pretende guardá-los em caixas, colocando quantidades iguais de doces em cada caixa, de modo que não sobre nenhum deles. Ela foi até uma papelaria para comprar as caixas. A vendedora mostrou a ela uma tabela com cada tipo de caixa que havia e a capacidade de cada uma, isto é, quantas unidades de bem-casados poderiam ser guardadas dentro das caixas. Observe os dados obtidos por Maria Alice em maio de 2018, na tabela ao lado.

BEM-CASADOS EM CAIXAS	
Tipo de Caixa	Capacidade (unidades)
A	3
B	6
C	10
D	15

Dados obtidos por Maria Alice em maio de 2018.

Agora, responda às questões a seguir.

a) Quais são os tipos de caixas que podem ser utilizadas para guardar os bem-casados feitos por Maria Alice, sem que haja sobra?

b) Explique como Maria Alice organizaria os bem-casados nas caixas, conforme o tipo de caixa escolhida.

8. Leia a tirinha abaixo.

Agora, responda:

a) Escreva as respostas das perguntas feitas por Charlie Brown para sua irmã.

b) Determine o conjunto dos divisores de cada um desses números.

c) Esses números têm divisores em comum? Se sim, escreva quais são esses divisores.

9. Judite comprou 5 dúzias de ovos e quer guardá-los em algumas cestas, repartindo igualmente a quantidade de ovos em cada cesta. Nessas condições, classifique cada uma das sentenças abaixo em V (verdadeira) ou F (falsa).

a) (   ) Pode haver 10 ovos em cada cesta.

b) (   ) Podem ser utilizadas 8 cestas para guardar os ovos.

c) (   ) Os ovos podem ser guardados em 15 cestas.

d) (   ) Cada cesta pode ter 9 ovos.

10. João tem uma piscina, em formato retangular, de 24 m de comprimento por 16 m de largura. Ele pretende colocar lajotas grandes, em formato quadrado, em volta da piscina, de modo que se alternem uma lajota azul e outra amarela, conforme mostra a figura abaixo.

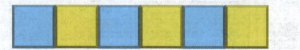

Sabe-se que João não quer cortar nenhuma lajota, ou seja, as peças devem ser encaixadas inteiras. Escolha a medida ideal para a lajota, assinalando X na opção correta. Justifique sua escolha.

a) b) 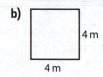 c) 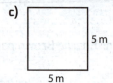 d)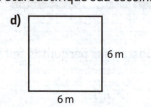

4. Números primos

1. No quadro abaixo, identifique alguns números, pintando:
- de roxo o número 1;
- de vermelho os múltiplos de 2, exceto ele mesmo;
- de verde os múltiplos de 3, exceto ele mesmo;
- de amarelo os múltiplos de 5, exceto ele mesmo;
- de azul os múltiplos de 7, exceto ele mesmo.

1	2	3	4	5	6	7	8	9	10
11	12	13	14	15	16	17	18	19	20
21	22	23	24	25	26	27	28	29	30
31	32	33	34	35	36	37	38	39	40
41	42	43	44	45	46	47	48	49	50
51	52	53	54	55	56	57	58	59	60
61	62	63	64	65	66	67	68	69	70
71	72	73	74	75	76	77	78	79	80
81	82	83	84	85	86	87	88	89	90
91	92	93	94	95	96	97	98	99	100

2. Analise os números do quadro da atividade anterior e responda às questões.

a) Como são chamados os números que você não pintou no quadro?

_____

_____

b) Existe algum número no quadro da atividade anterior que não é primo nem composto? Justifique.

_____

_____

_____

3. Identifique os números que não são primos em cada sequência.

a) 101, 102, 103, 104

b) 211, 213, 215, 221

c) 371, 373, 377, 379

d) 991, 993, 995, 997

e) 71, 289, 347, 723

f) 459, 509, 601, 807

4. O produto das idades de Aline e Bruno é 143. Sabe-se que essas idades são números primos e que Bruno é o mais velho. Qual é a idade de Aline e de Bruno?

5. Decomposição em fatores primos

1. Escreva com suas palavras o que significa decompor um número em fatores primos.

_____

_____

_____

2. Decomponha os números abaixo pelo processo das divisões sucessivas.

a) 90

b) 168

c) 400

d) 1.248

3. O produto do total de bolinhas de gude que Alex e Danilo têm é 247. Sabendo que Danilo tem mais bolinhas de gude que Alex, determine quantas bolinhas cada um tem.

4. O produto do total de carrinhos de Pepe e Tutu é 2.303. Sabendo que a quantidade de carrinhos de Pepe é um número primo e que a diferença entre as quantidades de carrinhos é 2, determine a quantidade de carrinhos de cada um.

5. Em um jogo, Marina jogou o dado uma vez em cada rodada e tirou só números primos. Sabendo que o produto desses números é 45, descubra quantas rodadas Marina jogou e que números ela tirou.

6. Susana distribuiu bombons para suas amigas. Cada uma das amigas recebeu uma quantidade de bombons representada por um número primo. Sabe-se que o produto dessas quantidades resulta em 360. Quantas amigas receberam bombons?

7. Um grupo de amigos se reuniu para jogar baralho. O objetivo do jogo é chegar o mais próximo de 21 pontos. Para isso, devem retirar uma carta do monte colocado sobre a mesa, em cada rodada, e multiplicar os valores. Cada jogador pode parar de retirar cartas do monte no momento que desejar. Nesse baralho há somente 16 cartas: 2, 3, 5 e 7 de cada naipe. Sabe-se que Rui fez 24 pontos; Carol, 20 pontos; Márcia, 28 pontos; e Duda, 18 pontos.

a) Quantas cartas cada jogador retirou do monte?

b) Quem ganhou o jogo?

8. A tabela abaixo apresenta os resultados obtidos em agosto de 2018 em uma pesquisa feita em uma escola com alunos no 6º ano sobre o time de futebol preferido.

TIME DE FUTEBOL PREFERIDO	
Time	Número de alunos
Palmeiras	6
São Paulo	9
Santos	15
Corinthians	12
Fluminense	3
Flamengo	12
Vasco	6

Dados obtidos pela escola em agosto de 2018.

a) Há quantos alunos no 6º ano nessa escola?

b) Qual é o time preferido dessa turma?

c) Faça um gráfico de barras verticais para representar os dados dessa pesquisa.

9. (Etec) O gráfico mostra a distribuição do número de condutores envolvidos em acidentes, por sexo e segundo a idade, conforme registros efetuados pelo Departamento de Polícia Rodoviária Federal (DPRF), nas rodovias federais sob jurisdição do Departamento Nacional de Infraestrutura de Transporte (DNIT).

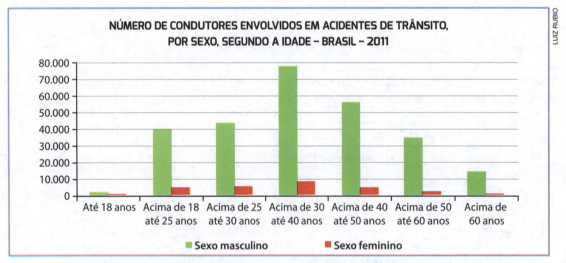

Fonte dos dados: <dnit.gov.br/rodovias/operacoes-rodoviarias/estatisticas-de-acidentes/quadro-0302-numero-de-condutores-envolvidos-por-sexo-e-idade-do-condutor-ano-de-2011.pdf>. Acesso em: 12 abr. 2018.

Com base nos dados apresentados nesse gráfico, pode-se afirmar corretamente que, independentemente:

a) da idade, os homens são os condutores que menos se envolveram em acidentes de trânsito.
b) da idade, as mulheres são os condutores que menos se envolveram em acidentes de trânsito.
c) do sexo e da idade, o número de condutores envolvidos em acidentes de trânsito é praticamente igual.
d) do sexo, os condutores acima de 30 até 40 anos são os que menos se envolveram em acidentes de trânsito.
e) do sexo, os condutores acima de 18 até 25 anos são os que mais se envolveram em acidentes de trânsito.

UNIDADE 5 Frações

1. O conceito de fração

1. Marque um X nas situações em que foi usada a ideia de fração.

Meio copo de suco de laranja.

O relógio indica exatamente três horas.

O comprimento do lápis vermelho é aproximadamente igual à metade do comprimento do lápis azul.

Neste prato está faltando aproximadamente um quarto da *pizza*.

2. Observe as maçãs e a fração representada abaixo. Escreva o nome dos termos que compõem uma fração e explique o que representa cada um.

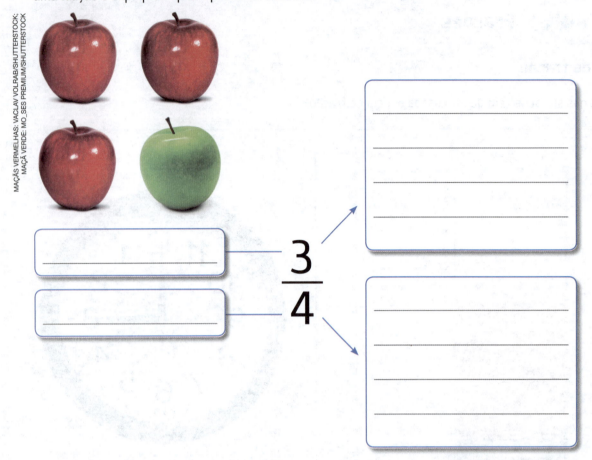

3. Observe as situações e escreva no quadrinho a fração correspondente à palavra destacada em cada situação.

4. Considerando que cada figura representa um inteiro distinto das demais, escreva como se leem as frações (com denominadores de 2 a 9).

Representação	Leitura
(1/2)	
(1/3)	
(3/4)	
(2/5)	
(1/6)	
(3/7)	
(3/8)	
(2/9)	

5. Reescreva as frases substituindo as frações cujos denominadores são potências de 10 pela expressão de como se lê cada fração.

a) No jogo de basquete, acertei $\dfrac{1}{10}$ dos lançamentos que fiz.

_____

_____

b) $\dfrac{15}{100}$ dos brasileiros entrevistados desaprovam determinada lei.

_____

_____

c) Neste alimento, $\dfrac{3}{1.000}$ de sua composição correspondem a carboidratos.

_____

_____

6. Observe o quadrilátero dividido em partes iguais. Preencha o quadro abaixo com a fração que corresponde ao total de retângulos de cada cor em relação ao retângulo maior e escreva como se lê cada uma delas.

Cor das partes	Fração do quadrilátero	Leitura
Vermelha		
Amarela		
Azul		
Roxa		
Verde		

7. Observe as figuras abaixo e determine a fração das figuras vermelhas.

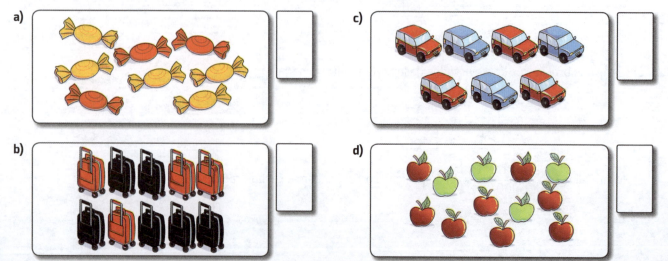

8. (Obmep) A figura mostra um quadrado dividido em 16 quadradinhos iguais. A área em preto corresponde a que fração da área do quadrado?

a) $\dfrac{1}{2}$

b) $\dfrac{1}{3}$

c) $\dfrac{1}{4}$

d) $\dfrac{1}{8}$

e) $\dfrac{1}{16}$

9. Leia o texto e faça o que se pede.

Oscar Schmidt é o recordista mundial de pontuação do basquete, com 49.703 pontos. Também foi o maior cestinha da história da seleção brasileira de basquete, com 7.693 pontos em 326 partidas. Com base nesses dados, escreva:

a) o número que representa a quantidade de pontos de Oscar por partida, pela seleção brasileira, na forma de fração.

b) a fração que representa a quantidade de pontos que Oscar Schmidt fez pela seleção brasileira, em relação ao total de pontos da carreira dele.

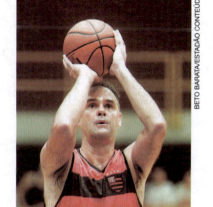

Jogando pelo Flamengo, Oscar Schmidt é visto durante o jogo contra o time São Caetano, realizado em São Paulo, em 2002.

10. Um casal comprou uma *pizza* grande de 8 pedaços. Grazi comeu 2 pedaços e Antônio, 4 pedaços. Que fração da *pizza* restou na caixa?

2. Situações que envolvem frações

1. Observe a figura abaixo e desenhe um quadrado formado por $\frac{1}{9}$ do total de quadradinhos que formam o quadrado laranja.

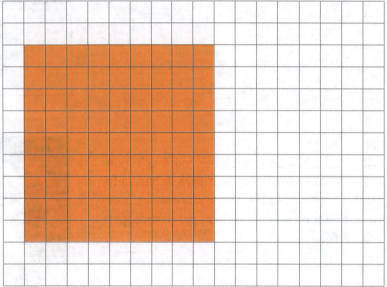

2. Em uma maratona, estão inscritos 2.400 atletas. Desse total, $\frac{1}{50}$ são atletas de elite. Determine o número de atletas de elite inscritos nessa maratona.

3. Um fazendeiro colheu 45.000 toneladas de soja na última safra. Sabendo que ele exportou $\frac{90}{100}$ desse total e vendeu o restante no mercado interno, determine quantas toneladas ele vendeu no mercado interno.

4. Márcia separou $\frac{2}{5}$ do seu salário de 2.500 reais para depositar na poupança. O restante do dinheiro ela usou para pagar as despesas do mês e comprar um ventilador. Qual foi a quantia que Márcia gastou com as despesas do mês e a compra do ventilador?

5. Três amigos se juntaram para participar de uma campanha de reciclagem de latinhas de alumínio. Noemi levou $\frac{1}{3}$ do total de latas para reciclar; Ricardo levou $\frac{1}{6}$ do total e Alice levou o restante. Sabe-se que, no total, eles arrecadaram 300 latinhas de alumínio.
a) Quantas latas levou cada um dos amigos?

b) Quem levou mais latas?

6. João ganha 200 reais de mesada da sua mãe. Neste mês, ele guardou metade em seu cofrinho para juntar e comprar um *videogame*. Da outra metade, ele usou $\frac{3}{5}$ para comprar roupas e, com o restante do dinheiro, comprou dois ingressos para o cinema. Qual é o preço de cada ingresso para o cinema?

7. A professora de Educação Física de uma escola fez uma pesquisa para saber o esporte preferido de seus alunos, sendo que cada um deveria escolher apenas 1 esporte. Os resultados apontaram que, do total de 36 alunos, $\frac{1}{3}$ prefere voleibol, $\frac{1}{4}$ prefere basquete e o restante prefere futebol. Quantos alunos preferem futebol?

8. Na escola de Lucas, ao final de cada bimestre, é aplicada uma prova com questões de algumas disciplinas, em um total de 60 questões. Desse total de questões, $\frac{1}{10}$ é sobre o conteúdo de Conhecimentos Gerais, $\frac{2}{15}$ de Inglês, $\frac{1}{6}$ de História, $\frac{1}{6}$ de Geografia, $\frac{1}{5}$ de Português e $\frac{7}{30}$ de Matemática. Determine o número de questões de cada disciplina presente nessa prova.

9. O quadro abaixo apresenta o tempo gasto por 5 ciclistas para concluir o percurso de uma prova.

Ciclista	Tempo
André	Meia hora
Bruno	Dois terços de uma hora
Caio	Três décimos de uma hora
Diego	Oito quinze avos de uma hora
Emanuel	Três quartos de uma hora

Considerando que uma hora equivale a 60 minutos, responda:

a) Quais foram os ciclistas que fizeram o melhor tempo e o pior tempo da prova?

b) Quais foram os ciclistas que subiram ao pódio para receber as medalhas de ouro, prata e bronze?

10. (Saresp) Em uma turma há 10 meninos e 15 meninas. A fração que pode representar a relação entre o número de meninos e o total de estudantes dessa turma é:

a) $\dfrac{10}{15}$

b) $\dfrac{15}{10}$

c) $\dfrac{10}{25}$

d) $\dfrac{25}{10}$

11. Represente cada situação usando frações.

a) O tanque de combustível de um automóvel tem capacidade para 60 litros. Sabendo que esse automóvel percorre 15 quilômetros com 1 litro de gasolina, calcule quantos tanques de gasolina serão gastos em uma viagem de 2.500 quilômetros e expresse sua resposta na forma de número misto.

b) Paulo tinha duas barras de chocolate formadas por 5 pedaços cada uma, conforme a ilustração ao lado. Ele as dividiu com Flávio e José, seus melhores amigos. Sabendo que ele ficou com 4 partes a mais que seus amigos, calcule com quantas partes cada um ficou e expresse sua resposta na forma de fração.

12. Na festa junina de uma escola, um grupo de alunas resolveu fazer bandeirinhas para enfeitar a escola. Beatriz fez 35 bandeirinhas; Júlia, 40; e Jaqueline, 55. Represente por uma fração irredutível a quantidade de bandeirinhas feita por cada aluna em relação ao total de bandeirinhas feitas.

13. Após a apresentação de uma peça de teatro, foi feita uma pesquisa em agosto de 2018 para averiguar se essa peça era **boa**, **regular** ou **péssima** na opinião do público. Os resultados foram apresentados por meio do gráfico abaixo.

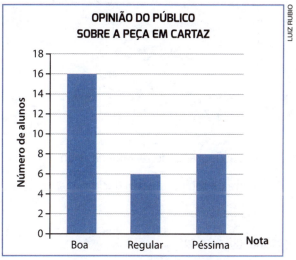

Dados obtidos pela professora em agosto de 2018.

Responda às questões.

a) Quantas pessoas participaram da pesquisa?

b) Represente por uma fração irredutível o número de pessoas que acharam a peça boa em relação ao total de pessoas entrevistadas.

c) Represente por uma fração irredutível o número de pessoas que acharam a peça regular em relação ao total de pessoas entrevistadas. Faça o mesmo para o número de pessoas que acharam a peça péssima.

3. Números mistos

1. Analise as quantidades de ingredientes destacadas nas receitas e responda às questões.

- 6 ovos
- $1\frac{1}{2}$ de litro de leite
- 1 colher de chá de fermento em pó

- 1 quilograma de farinha de trigo
- $\frac{5}{4}$ de tablete de margarina
- 1 gema

a) As quantidades em destaque são maiores que um inteiro?

_____

b) Qual dos ingredientes teve a medida expressa por um número misto?

_____

2. Transforme as frações em números mistos.

a) $\frac{6}{5}$

c) $\frac{19}{8}$

b) $\frac{8}{6}$

d) $\frac{35}{10}$

e) $\dfrac{21}{12}$

g) $\dfrac{88}{50}$

f) $\dfrac{47}{10}$

h) $\dfrac{100}{21}$

4. Frações equivalentes

1. Escreva a condição para que duas frações sejam equivalentes.

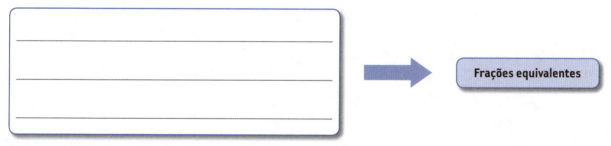

Frações equivalentes

2. Descreva um processo para simplificar frações.

_____
_____
_____

3. Leia a descrição e complete a frase com o nome do conceito.
Quando o numerador e o denominador de uma fração são números primos entre si, dizemos que a fração é _____ .

4. Para cada figura abaixo escreva uma fração que represente a parte colorida e, se necessário, simplifique as frações obtidas. Depois, verifique se os pares de figuras de cada item representam frações equivalentes.

a)

b)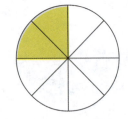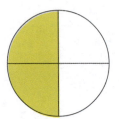

5. Determine a forma irredutível das frações.

a) $\dfrac{36}{54}$

b) $\dfrac{40}{124}$

c) $\dfrac{45}{75}$

d) $\dfrac{7}{14}$

e) $\dfrac{56}{80}$

h) $\dfrac{342}{126}$

f) $\dfrac{195}{210}$

i) $\dfrac{700}{280}$

g) $\dfrac{216}{228}$

j) $\dfrac{924}{252}$

6. Em um campeonato de futebol, três jogadores do time campeão fizeram o seguinte número de gols: Pedrinho, 80 gols; Roberto, 60 gols; e Rui, 40 gols. Esse time foi campeão, marcando 200 gols nesse campeonato.

Determine as frações que representam o número de gols marcados por cada um dos três e pelos demais jogadores em relação ao total de gols marcados pelo time e escreva-as na forma de frações irredutíveis.

7. Complete os retângulos com valores que tornem as igualdades verdadeiras.

a) $\dfrac{8}{7} = \dfrac{\Box}{42}$

b) $\dfrac{3}{5} = \dfrac{9}{\Box}$

c) $\dfrac{\Box}{4} = \dfrac{26}{52}$

d) $\dfrac{\Box}{17} = \dfrac{68}{34}$

e) $\dfrac{6}{\Box} = \dfrac{30}{15}$

f) $\dfrac{60}{\Box} = \dfrac{4}{7}$

g) $\dfrac{331}{113} = \dfrac{662}{\Box}$

h) $\dfrac{441}{49} = \dfrac{63}{\Box}$

8. Em um jogo de tiro ao alvo, dois amigos estavam jogando bolas com tinta com o objetivo de pintar o máximo possível do alvo. Sabendo que os dois alvos tinham o mesmo tamanho, ao final do jogo, Alan conseguiu pintar $\dfrac{10}{35}$ do alvo e Igor, $\dfrac{6}{21}$. Quem conseguiu pintar a maior parte do alvo?

9. No vestibular, Edson acertou $\frac{12}{18}$ da prova; Isabela, $\frac{2}{6}$; Renan, $\frac{18}{27}$; e Fabiana, $\frac{8}{16}$.
Quais dos amigos acertaram um número equivalente de exercícios da prova?

10. (Prova Brasil) Quatro amigos, João, Pedro, Ana e Maria, saíram juntos para fazer um passeio por um mesmo caminho. Até agora, João andou $\frac{6}{8}$ do caminho; Pedro, $\frac{9}{12}$; Ana, $\frac{3}{8}$; e Maria, $\frac{4}{6}$.
Os amigos que se encontram no mesmo ponto do caminho são:
a) João e Pedro.
b) João e Ana.
c) Ana e Maria.
d) Pedro e Ana.

5. Comparação de frações

1. Classifique as sentenças em verdadeira (V) ou falsa (F).
   a) Quando duas ou mais frações tiverem o mesmo denominador, a maior delas será aquela que tiver o maior numerador. ☐
   b) Quando duas ou mais frações tiverem o mesmo numerador, a maior delas será aquela que tiver o maior denominador. ☐

2. Desenhe um esquema para exemplificar os casos acima.

3. Para cada par de figuras abaixo, escreva as frações correspondentes às partes pintadas e compare-as usando os símbolos > e <.

a)

b)

c)

d)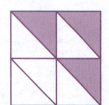

4. Compare as frações e coloque-as em ordem decrescente.

a) $\frac{7}{13}, \frac{2}{13}, \frac{12}{13}, \frac{5}{13}$

b) $\frac{1}{2}, \frac{1}{8}, \frac{1}{5}, \frac{1}{6}$

c) $\frac{2}{3}, \frac{2}{9}, \frac{2}{5}, \frac{2}{7}$

5. Compare as frações e ordene-as na forma crescente.

a) $\dfrac{3}{4}, \dfrac{7}{10}, \dfrac{2}{3}, \dfrac{1}{2}, \dfrac{1}{6}, \dfrac{5}{8}$

b) $\dfrac{5}{7}, \dfrac{17}{20}, \dfrac{31}{45}, \dfrac{11}{20}, \dfrac{9}{10}, \dfrac{24}{30}$

6. Quatro candidatos disputam a eleição para prefeito de uma cidade. Após a divulgação do resultado das urnas, verificou-se que o candidato Paulo obteve $\dfrac{3}{5}$ do total de votos, Fernando, $\dfrac{2}{5}$, Leandro, $\dfrac{1}{10}$, João, $\dfrac{3}{10}$, e houve $\dfrac{6}{10}$ de votos brancos e nulos. Determine quem foi eleito e qual foi a classificação de cada candidato.

7. O técnico de um time de futebol colocou os 4 jogadores que atuam na posição de atacante para treinar chutes ao gol (pênaltis). Zaqueu chutou 12 vezes e marcou 4 gols; Zeca chutou 20 vezes e marcou 9 gols; Zico chutou 10 vezes e marcou 6 gols; e Zuzu chutou 15 vezes e marcou 10 gols.

a) Represente por uma fração irredutível o número de gols marcados em relação ao número de chutes a gol realizados por cada jogador.

b) Faça uma classificação dos jogadores em relação ao aproveitamento deles, do melhor para o pior aproveitamento.

UNIDADE 6 Operações com frações

1. Adição e subtração com frações

1. Observe as figuras e escreva as frações que representam a parte verde e a parte lilás. Depois, efetue a adição dessas frações.

a)

b)

c)

d)

2. Efetue as operações e simplifique o resultado sempre que possível.

a) $\dfrac{1}{8} + \dfrac{3}{5}$

b) $\dfrac{2}{3} + \dfrac{1}{2}$

c) $\dfrac{12}{5} + \dfrac{8}{7}$

d) $\dfrac{4}{5} - \dfrac{1}{3}$

e) $\dfrac{8}{10} + \dfrac{4}{3}$

f) $\dfrac{7}{3} + \dfrac{3}{4} + \dfrac{1}{6}$

g) $3\dfrac{1}{8} - \dfrac{5}{8}$

h) $\dfrac{2}{20} - \dfrac{2}{25}$

i) $\dfrac{8}{15} + \dfrac{4}{15} - \dfrac{1}{5}$

j) $\dfrac{4}{9} + \dfrac{1}{3} - \dfrac{7}{9} + \dfrac{2}{3}$

3. Dona Abigail fez um bolo de chocolate para suas netas. Aline comeu $\dfrac{1}{8}$ do bolo; Bianca, $\dfrac{1}{4}$; e Sara, $\dfrac{1}{3}$.

a) Que fração do bolo as três netas comeram juntas?

b) Que fração sobrou do bolo?

c) Quem comeu a maior parte do bolo?

4. Eunice disse que $\frac{1}{4}$ do recheio do bolo que ela fará é de geleia de abacaxi, $\frac{3}{5}$ do recheio é de geleia de damasco, e o restante do recheio é de creme de leite. Que fração do total do recheio representa o creme de leite?

5. Três pintores foram contratados para pintar o muro externo de uma escola. Esse muro tem, no total, 80 metros quadrados. Sabe-se que Toninho já pintou $\frac{1}{4}$ do muro; Zezinho pintou $\frac{3}{16}$; e Jorge pintou $\frac{7}{16}$.

a) Que fração do muro eles já pintaram?

b) Quantos metros quadrados ainda falta pintar?

2. Multiplicação com frações

1. Aplique a técnica de cancelamento nas multiplicações abaixo e determine o produto.

a) $\dfrac{2}{3} \cdot \dfrac{5}{2}$

b) $\dfrac{5}{14} \cdot \dfrac{7}{2}$

c) $\dfrac{1}{3} \cdot \dfrac{4}{15} \cdot \dfrac{5}{2}$

d) $\dfrac{20}{21} \cdot \dfrac{3}{10} \cdot \dfrac{7}{2}$

2. Efetue as multiplicações e simplifique o resultado, sempre que possível.

a) $\dfrac{4}{10} \cdot \dfrac{3}{10}$

b) $\dfrac{4}{3} \cdot \dfrac{7}{15}$

c) $\dfrac{5}{6} \cdot \dfrac{7}{8}$

d) $\dfrac{8}{3} \cdot \dfrac{4}{6}$

e) $7 \cdot \dfrac{5}{3}$

f) $4 \cdot \dfrac{2}{3}$

g) $\dfrac{1}{6} \cdot \dfrac{3}{5}$

h) $\dfrac{2}{7} \cdot \dfrac{3}{2} \cdot \dfrac{4}{3}$

i) $\dfrac{8}{3} \cdot \dfrac{1}{3} \cdot \dfrac{3}{2}$

j) $2\dfrac{1}{5} \cdot 1\dfrac{2}{3}$

3. Resolva os problemas.

a) Em uma pesquisa, constatou-se que $\frac{4}{7}$ das pessoas consultadas gostam de filmes de aventura e, entre essas pessoas, $\frac{3}{4}$ também gostam de comédia. Descubra qual é a fração de pessoas que gostam de comédia em relação ao total de pessoas que gostam de filmes de aventura.

b) Paula ganha $3\frac{1}{5}$ do salário mínimo. Seu irmão, Guilherme, recebe a metade do salário de Paula. Calcule quantos salários mínimos Guilherme recebe.

c) Nas copas do mundo de futebol, Carla e seus vizinhos enfeitam a rua com uma bandeira do Brasil pintada no chão. Eles a desenham em um grande retângulo no asfalto e dividem-na ao meio. Uma parte da bandeira é pintada pelos moradores das casas de número par e a outra parte pelos outros moradores. Os moradores das 5 casas de número ímpar decidiram dividir sua parte da bandeira em 5 partes iguais, sendo que os moradores de cada casa ficariam responsáveis por pintar uma das partes. Determine a fração que representa a parte da bandeira que os moradores de cada casa de número ímpar terão de pintar.

4. O dono de uma loja de roupas comprou de uma confecção 240 vestidos para revender. Dos vestidos que ele comprou, $\frac{3}{4}$ eram do modelo curto e, desses vestidos, $\frac{4}{9}$ eram de cor amarela, $\frac{1}{3}$ era de cor azul e $\frac{2}{9}$ eram de cor vermelha. Quantos vestidos do modelo curto de cada cor — amarela, azul e vermelha — ele comprou?

5. Uma locadora de automóveis tem 114 carros no total. A frota de veículos é composta por $\frac{4}{19}$ de carros de modelo A, $\frac{16}{57}$ de modelo B, $\frac{20}{57}$ de modelo C e $\frac{3}{19}$ de modelo D. O quadro abaixo mostra a fração do total de carros de cada modelo correspondente à quantidade de automóveis que apresentaram algum tipo de defeito e precisaram retornar à fábrica para fazer reparos.

Modelo	Fração do total de carros de cada modelo que apresentou defeito
A	$\frac{1}{2}$
B	$\frac{3}{8}$
C	$\frac{1}{10}$
D	$\frac{1}{3}$

Quantos carros de cada modelo apresentaram algum tipo de defeito e tiveram que retornar à fábrica?

6. (Etec) Uma organização internacional de ajuda humanitária é formada apenas por mulheres, sendo 20 brasileiras e 16 não brasileiras. Após a formação de uma comissão para organizar uma festa beneficente, percebeu-se que a comissão era composta por dois quintos do total das brasileiras e por um quarto do total das não brasileiras.

Assim sendo, o número de integrantes da comissão era:

a) 6
b) 8
c) 10
d) 12
e) 16

3. Divisão com frações

1. Corrija as operações caso tenham sido realizadas incorretamente.

a) $\dfrac{4}{7} : 3 = \dfrac{4}{7} \cdot \dfrac{3}{1} = \dfrac{12}{7}$

c) $3 : 4 = 3 \cdot \dfrac{1}{4} = \dfrac{3}{4}$

b) $\dfrac{4}{7} : \dfrac{1}{3} = \dfrac{4}{7} : 3 = \dfrac{4}{21}$

d) $8 : \dfrac{6}{13} = \dfrac{1}{8} \cdot \dfrac{13}{6} = \dfrac{13}{48}$

2. Efetue as divisões.

a) $7 : \dfrac{2}{5}$

c) $6 : \dfrac{1}{3}$

b) $15 : \dfrac{3}{5}$

d) $21 : \dfrac{6}{7}$

e) $\dfrac{8}{7} : 16$

h) $\dfrac{25}{6} : \dfrac{50}{18}$

f) $\dfrac{1}{2} : \dfrac{2}{5}$

i) $2\dfrac{2}{3} : \dfrac{5}{9}$

g) $\dfrac{3}{8} : \dfrac{21}{16}$

j) $1\dfrac{1}{26} : \dfrac{4}{13}$

3. Uma xícara cheia contém $\dfrac{1}{5}$ de litro de água. Quantas xícaras são necessárias para encher um balde cuja capacidade é de 8 litros?

4. Fábio comprou 3 quilogramas de biscoitos para dividi-los em pacotes e distribuir entre seus 4 irmãos. Ele pretende colocar $\dfrac{1}{4}$ de quilograma de biscoitos em cada pacote. Quantos pacotes de biscoitos cada irmão receberá?

5. Dona Odete dividiu o seu jardim ao meio e, em uma das metades, plantou rosas brancas. A outra metade do jardim ela dividiu em três partes iguais e plantou cravos, orquídeas e lírios. Que fração representa cada parte em que foram plantados os cravos, as orquídeas e os lírios?

6. Judite convidou 5 amigas para comemorar seu aniversário em sua casa. Ela comprou bolo, salgados e refrigerante para servir para as amigas. Suponha que Judite tenha dividido igualmente o refrigerante entre ela e suas 5 amigas e, por isso, todas tenham bebido a mesma quantidade. Sabendo que ela comprou 3 garrafas de refrigerante e tinham mais $\frac{2}{3}$ desse mesmo tipo de refrigerante na geladeira, que fração do total de refrigerante cada pessoa bebeu?

7. (Obmep) A figura mostra uma reta numerada na qual estão marcados pontos igualmente espaçados. Os pontos A e B correspondem, respectivamente, aos números $\frac{7}{6}$ e $\frac{19}{6}$. Qual é o número que corresponde ao ponto C?

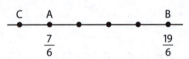

a) $\frac{1}{6}$ b) $\frac{1}{3}$ c) $\frac{1}{2}$ d) $\frac{2}{3}$ e) 1

4. Porcentagem

1. Determine a quantidade de elementos que as porcentagens representam em cada situação.

a) 25% de 20 meninas vestem calça *jeans*.

b) 15% de 60 meninos andam de *skate*.

c) 80% de 100 livros são ilustrados.

d) 100% de 200 brigadeiros foram vendidos na festa.

2. Em um hospital, $\frac{1}{5}$ dos pacientes são crianças, $\frac{2}{5}$ dos pacientes são adultos e o restante são idosos. Qual é o percentual de pacientes idosos nesse hospital?

3. Observe o esquema que representa o terreno de um sítio onde estão plantadas diversas frutas. Depois, complete o quadro a seguir escrevendo o percentual de terreno para cada cultivo.

	Maçã	Pera	Uva	Abacaxi
Fração do terreno	$\frac{8}{20}$	$\frac{4}{20}$	$\frac{5}{20}$	$\frac{3}{20}$
Porcentagem				

4. Calcule as porcentagens.

a) 25% de 40

b) 30% de 120

c) 15% de 180

d) 28% de 50

e) 75% de 500

f) 82% de 1.200

g) 22% de 350

h) 150% de 600

5. Felipe gasta $\frac{1}{4}$ do seu salário pagando a faculdade, $\frac{1}{5}$ com alimentação, $\frac{1}{10}$ com transporte, $\frac{3}{20}$ com diversão, $\frac{1}{20}$ com vestuário e o restante ele guarda na poupança.

a) Que percentual de seu salário Felipe consegue poupar mensalmente?

b) Sabendo que Felipe ganha 1.500 reais por mês, quantos reais ele consegue poupar mensalmente?

6. Henrique emprestou 1.200 reais para seu irmão comprar uma televisão. Eles combinaram que o irmão lhe pagaria 5% a mais sobre esse valor quando fosse quitar a dívida. Quantos reais Henrique recebeu do irmão?

7. A professora de Matemática de uma turma de 6º ano elaborou uma prova com 50 questões no total. Rosa acertou 40 questões; João, 35; Alfredo, 23; e Sabrina, 14. Qual é o percentual de acerto de cada aluno?

8. Foi realizada uma pesquisa com 100 pessoas sobre como elas se deslocam para chegar ao trabalho. Cada entrevistado utiliza apenas uma forma para chegar ao trabalho. O quadro abaixo apresenta o resultado desta pesquisa como uma fração do total de pessoas correspondente a cada forma de deslocamento utilizada.

Forma de deslocamento	Fração do número de pessoas que participou da pesquisa
Carro	$\frac{8}{25}$
Ônibus	$\frac{6}{25}$
Metrô	$\frac{3}{20}$
Bicicleta	$\frac{1}{10}$
A pé	$\frac{19}{100}$

a) Quantas pessoas vão a pé ao trabalho?

b) Quantas pessoas vão de ônibus ao trabalho?

c) Qual é o percentual de pessoas que vão de carro ao trabalho?

d) Qual é o percentual de pessoas que vão de metrô ao trabalho?

9. Milena pegou algumas cartas do seu jogo de memória e as colocou sobre a mesa viradas para cima. Observe as cartas escolhidas.

Se Milena embaralhar todas essas cartas e retirar uma, qual é a probabilidade de a carta retirada ter a figura de uma fruta? Represente essa probabilidade na forma de uma fração.

10. Janete comprou um pacote com 6 pilhas alcalinas para substituir 4 pilhas usadas e deixar duas de reserva. Por distração, seu filho misturou as pilhas novas com as usadas. Qual a probabilidade de Janete escolher uma pilha e ela ser usada? Represente essa probabilidade na forma de porcentagem.

PROGRAMA DE RESOLUÇÃO DE PROBLEMAS — PARTE 2

ESTRATÉGIA PARA CONHECER

Resolver por meio de um esquema

- **Um problema**

   Quando foi ao médico, Lúcio disse que pesava 60 quilogramas mais um terço de sua massa total. Quantos quilogramas Lúcio pesava?

- **Para resolver um problema por meio de um esquema**

EU DEVO...	PARA...
1 **localizar os dados do problema.** • Lúcio pesava 60 quilogramas mais um terço de sua massa total.	• identificar por qual dado posso iniciar o desenho de um esquema.
2 **desenhar um retângulo.** De modo geral, em um esquema, o retângulo poderá representar a quantidade total descrita no problema. Neste caso, o retângulo representará a massa total de Lúcio.	• completar o esquema com outros dados para facilitar a visualização do problema.
3 **selecionar a ordem em que os dados serão inseridos no esquema.** Eu vou começar representando um terço da massa de Lúcio. massa de Lúcio $\frac{1}{3}$ Pelo enunciado, se eu acrescentar 60 quilogramas a um terço, obterei a massa de Lúcio. Representando no esquema, temos: massa de Lúcio $\frac{1}{3}$ + 60 quilogramas Isso quer dizer que $\frac{2}{3}$ da massa de Lúcio correspondem a 60 quilogramas.	• conseguir representar todos os dados e verificar como relacioná-los.
4 **encontrar a solução.** Se $\frac{2}{3}$ correspondem a 60 quilogramas, então $\frac{1}{3}$ corresponde à metade de 60 quilogramas, isto é, a 30 quilogramas. E $\frac{3}{3}$, ou seja, a massa de Lúcio, serão: 3 · 30 quilogramas = 90 quilogramas	• resolver o problema.
5 **verificar a solução.** Lúcio pesa 90 quilogramas. $\frac{1}{3}$ de 90 quilogramas = 30 quilogramas $\frac{1}{3}$ de 90 quilogramas mais 60 quilogramas é igual a 90 quilogramas. 30 quilogramas mais 60 quilogramas é igual a 90 quilogramas.	• comprovar que a solução encontrada atende a todas as exigências do enunciado.

PROBLEMAS PARA RESOLVER

1 AS MÚSICAS

Em um *show* de música popular, $\frac{1}{2}$ das músicas era samba, $\frac{1}{3}$ era forró e $\frac{1}{6}$ era sertanejo.

Sabendo que foram apresentadas mais de 10 músicas e menos de 18 músicas, quantas canções fizeram parte do *show*?

2 COMPRAS

Isabel foi ao *shopping* e fez compras em três lojas. Na primeira, comprou um produto e gastou $\frac{2}{3}$ do que tinha. Na segunda, gastou $\frac{2}{3}$ do que tinha sobrado. Na terceira loja, também gastou $\frac{2}{3}$ do que havia sobrado.

No fim das compras, sobraram-lhe 5 reais. Quantos reais Isabel tinha no início das compras?

3 IDADES

Mariana tem o dobro da idade de seu irmão e metade da idade de seu pai. Daqui a 22 anos, seu irmão terá a metade da idade de seu pai. Qual é a idade de Mariana hoje?

4 A DISTÂNCIA

Adriana caminhou de sua casa até a escola, percorrendo 50 metros a cada minuto. No meio do caminho, percebeu que havia esquecido o livro de Matemática em casa e voltou imediatamente para buscá-lo. Se Adriana manteve o ritmo de caminhada e demorou 24 minutos no percurso total, sem contar o tempo que gastou em casa para pegar o livro, qual é a distância que separa sua casa da escola?

5 OS BARRIS

Em uma fábrica, 24 barris de azeite devem ser distribuídos, igualmente, entre os três sócios, ou seja, todos devem receber a mesma quantidade de azeite e a mesma quantidade de barris.

Desses barris, 5 estão cheios, 8 estão pela metade e 11, vazios. Quantos barris e quanto de azeite cada sócio vai receber?

PARTE 3

RECORDE

Ideia de ponto, reta e plano

- **Ponto**

  • P

- **Reta**   r

Duas retas, em um plano, podem:

não se cruzar	se cruzar
s, t — Paralelas	c ≡ d — Coincidentes ; v, u — Concorrentes

- **Plano**

  α

- **Semirreta**

  A

É a parte de uma reta que tem um ponto (denominado origem) em uma extremidade.

- **Segmento de reta**

  X ————— Y

É a parte de uma reta limitada por dois pontos denominados extremidades. No exemplo acima, os pontos X e Y (pontos distintos dessa reta) são as extremidades desse segmento.

Dois segmentos de reta são *consecutivos* se uma das extremidades de um dos segmentos também é extremidade do outro.

Dois segmentos de reta são *colineares* se eles pertencem a uma mesma reta.

- **Ângulo**
  - ✓ Reto: quando tiver medida igual a 90°.
  - ✓ Agudo: quando tiver medida maior que 0° e menor que 90°.
  - ✓ Obtuso: quando tiver medida maior que 90° e menor que 180°.

Ideias de ângulo

- **Inclinação**

A inclinação de uma rampa de acesso dá ideia de ângulo.

- **Abertura**

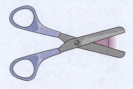

A abertura da tesoura dá ideia de ângulo.

- **Giro ou rotação**

O giro do ponteiro de um relógio dá ideia de ângulo.

- **Região**

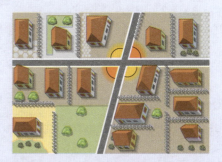

O cruzamento de duas ruas dá ideia de ângulo.

Fração decimal

Frações cujo denominador é uma potência de base 10 são chamadas de **frações decimais**.

Ordens

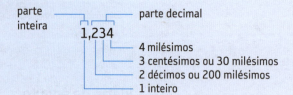

Transformações

- **Transformação de uma fração decimal para a forma decimal**

$$\underbrace{\frac{143}{100}}_{\text{dois zeros}} = 1{,}\underbrace{43}_{\text{duas casas decimais}}$$

- **Transformação de um número decimal para a forma de fração**

$$0{,}014 = \frac{014}{1.000} = \frac{14}{1.000} \xrightarrow{:2} \frac{7}{500}$$

três zeros
três casas decimais

Comparação de números decimais

1º) Comparamos as partes inteiras. Se as partes inteiras forem diferentes, o número que tiver a maior parte inteira será o maior número decimal. Caso contrário, analisamos a parte decimal.

2º) Para compararmos a parte decimal, igualamos a quantidade de casas decimais dos números, acrescentando zeros à direita.

3º) Comparamos as partes decimais. O número que tiver a maior parte decimal será o maior número decimal.

Operações

- **Adição e subtração**

```
  1, 4 3
+ 1, 2 0   ← completando com zero
  -------
  2, 6 3
```

- **Multiplicação**

```
    1, 2   ← uma casa decimal
  × 2, 3   ← uma casa decimal
  ------
    3 6
+ 2 4 0
  ------
  2, 7 6   ← duas casas decimais
```

- **Potenciação**

$(1{,}3)^2 = 1{,}3 \cdot 1{,}3 = 1{,}69$

- **Divisão**

```
  1, 8 6  | 0, 4 0  ← completando com zero
- 1 6 0   | 4, 6 5
  -----
  0 2 6 0
  - 2 4 0
    -----
    0 2 0 0
    - 2 0 0
      -----
        0
```

- **Divisão com quociente aproximado**

```
  3 4    | 7
- 2 8    | 4, 8 5
  ---
    6 0
  - 5 6
    ---
      4 0       quociente
    - 3 5       aproximado
      ---       da divisão
        5       não exata
```

Cálculo de porcentagens

Os números racionais na forma decimal também podem ser representados como porcentagem.

$0{,}051 = \dfrac{5{,}1}{100} = 5{,}1\%$

UNIDADE 7 Retas e ângulos

1. Ideia de ponto, reta e plano

1. As imagens abaixo lembram quais figuras geométricas?

a)

_____

b)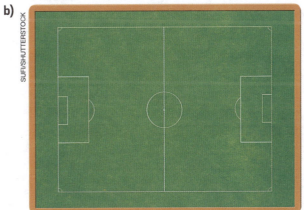

_____

c)

_____

2. No quadro A, desenhe uma figura plana e, no quadro B, uma figura não plana.

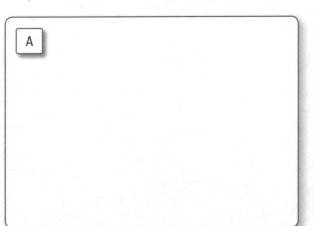

3. Os pontos X, Y e Z formam quais segmentos de reta em r?

_____

4. Observe os pontos A, B e C e responda às questões.

B •
       • C
A •

Quantas retas passam simultaneamente pelos pontos:

a) A e B? _____

b) B e C? _____

c) A, B e C? _____

5. Identifique os segmentos de reta nas figuras de cada item.

a)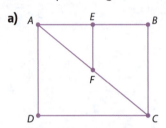

_____
_____
_____
_____

b)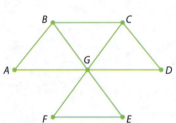

_____
_____
_____
_____

6. Com ajuda de um compasso, meça os segmentos de reta a seguir, tomando como unidade as medidas u e x.

7. Meça os segmentos com uma régua e escreva a medida de cada um deles.

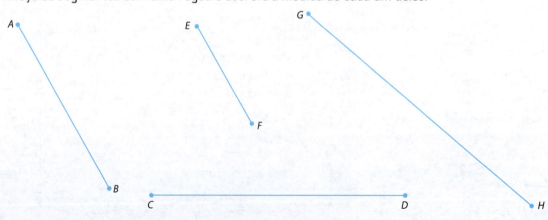

2. Ângulos

1. Cite cinco situações do dia a dia nas quais esteja presente a ideia de ângulo.

- _____
- _____
- _____
- _____
- _____

2. Nomeie os elementos do ângulo $A\hat{O}B$.

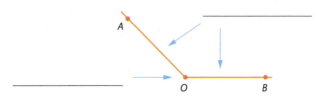

3. Escreva, em grau ou em fração de volta, a medida de cada ângulo.

a)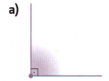

b)

c)

4. Escreva o outro nome dos ângulos.

a) Um ângulo de $\frac{1}{2}$ volta ou 180° também é chamado de _____.

b) Um ângulo de 0° é chamado de _____.

5. Em um domingo de sol, Pedro estava empinando pipa. A linha da pipa, esticada, formava um ângulo de 56° com a horizontal. Como pode ser classificado esse ângulo? Justifique sua resposta.

_____
_____

6. Teresa estava ajudando seu filho a fazer a lição de casa. Os dois estavam na sala de estar. Complete a frase que Teresa falou para o filho.

> O ângulo formado pelo encontro de duas paredes de uma sala retangular é chamado de _____, pois a sua medida é _____.

7. (Prova Brasil) Para chegar à escola, Carlos realiza algumas mudanças de direção, como mostra a figura a seguir.

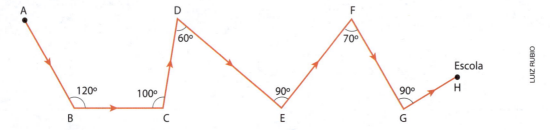

As mudanças de direção que formam ângulos retos estão representadas nos vértices:
a) B e G.
b) D e F.
c) B e E.
d) E e G.

8. Nos despertadores ilustrados abaixo, classifique os ângulos formados entre o ponteiro dos minutos e o ponteiro das horas.

a)

c)

b)

d)

9. Meça os ângulos e escreva suas medidas em grau.

a)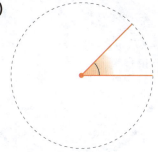
_____

c)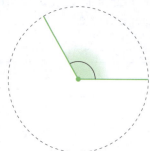
_____

b)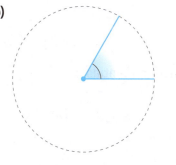
_____

d)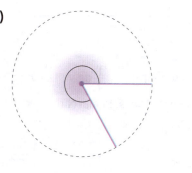
_____

10. Observe o trajeto que Lucas faz, todos os dias, ao sair de casa:
- anda 4 unidades no sentido sul e gira 90° para o leste;
- anda 2 unidades no sentido leste e gira 90° para o norte, contornando a sorveteria da esquina;
- anda 3 unidades no sentido norte e gira 90° para o leste;
- anda 5 unidades no sentido leste e gira 90° para o sul, passando pelo correio da esquina;
- anda 5 unidades no sentido sul e gira 90° para o oeste;
- anda 6 unidades no sentido oeste e chega à escola.

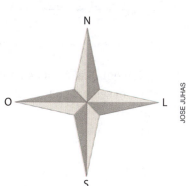

Na malha quadriculada abaixo, considere cada lado dos quadradinhos uma unidade de medida. Desenhe nesse quadriculado o trajeto feito por Lucas, todos os dias, para ir de sua casa até a escola, marcando nesse trajeto a sorveteria, o correio e a escola.

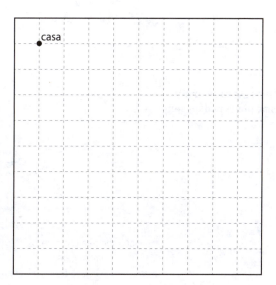

11. Observe o relógio ao lado.

a) Se o ponteiro menor girar meia-volta no sentido horário, qual será o horário marcado pelo relógio? Explique.

_____
_____
_____

b) Se o ponteiro maior girar 360° no sentido horário, qual será o horário marcado pelo relógio? Explique.

_____
_____

c) Se o ponteiro menor girar $\frac{1}{4}$ de volta e o ponteiro maior girar meia-volta, ambos no sentido horário, qual será o horário marcado pelo relógio?

_____
_____
_____
_____

12. (Obmep) Qual é a medida do menor ângulo formado pelos ponteiros de um relógio quando ele marca 2 horas?

a) 30°
b) 45°
c) 60°
d) 75°
e) 90°

3. Retas no plano

1. Complete o esquema.

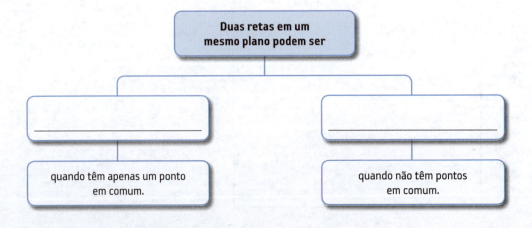

2. Classifique as afirmações em verdadeira (V) ou falsa (F).

a) Por um ponto C passa uma única reta. ☐

b) Duas retas em um plano são paralelas quando não têm pontos em comum. ☐

c) Duas retas no plano são concorrentes quando têm apenas um ponto em comum. ☐

d) Uma figura geométrica é plana quando todos os seus pontos pertencem a um mesmo plano. ☐

e) O plano não tem espessura e é ilimitado em todas as direções. ☐

f) Segmentos com medidas iguais são chamados de congruentes. ☐

3. Observe o mapa abaixo.

Disponível em: Listel. *Grande ABC 2013/2014*, mapa 7.

a) Escreva o nome de três ruas paralelas.

_____

_____

b) Escreva o nome de duas ruas perpendiculares entre si.

_____

_____

c) Escreva o nome de uma rua que seja paralela à Rua do Túnel e perpendicular à rua 9 de Julho.

_____

_____

UNIDADE 8 Números decimais

1. Representação decimal de uma fração

1. Marque **X** nas situações em que se empregam números decimais.

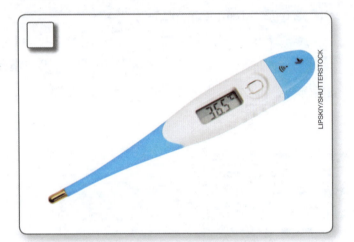

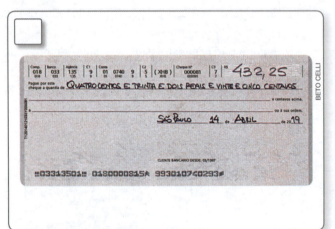

2. Complete o esquema, identificando de que formas podemos escrever um número racional.

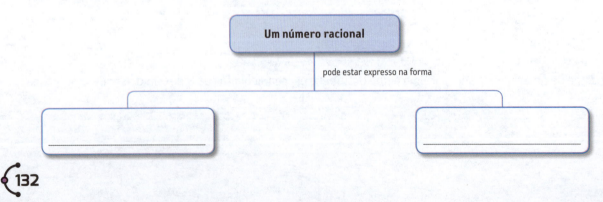

3. Escreva:
a) três números racionais na forma decimal;
_____

b) três números racionais na forma de fração.
_____

4. Escreva como se lê cada número decimal.

a) 2,5 – _____
_____

b) 2,05 – _____
_____

c) 2,55 – _____
_____

d) 2,005 – _____
_____

e) 2,555 – _____
_____

5. Complete o quadro conforme o modelo.
a) Duas centenas, três dezenas, oito unidades, um décimo e oito centésimos.
b) Quatro dezenas, cinco unidades, um centésimo e um milésimo.
c) Nove décimos e cinco milésimos.
d) Dois centésimos.
e) Seis centenas, sete centésimos e dois milésimos.

	Centena	Dezena	Unidade		Décimo	Centésimo	Milésimo
a)	2	3	8	,	1	8	
b)							
c)							
d)							
e)							

6. A professora de Matemática fez a leitura de alguns números decimais e os alunos tiveram que anotar qual era esse número. Veja como a professora leu os números.

a) Noventa e dois milésimos.
b) Três inteiros e cinco décimos.
c) Cinquenta e um milésimos.
d) Oito inteiros e sete centésimos.
e) Vinte e cinco inteiros e nove décimos.

Observe as anotações feitas por dois alunos.

Telma:
a) 0,92
b) 3,5
c) 0,051
d) 8,7
e) 25,09

Juca:
a) 92.000
b) 3,05
c) 0,51
d) 8,007
e) 25,9

- Escreva de forma correta os números que Telma e Juca escreveram errado.

7. Escreva os números na forma de fração decimal.

a) 8,5

b) 0,4

c) 2,3

d) 2,501

e) 0,3018

f) 1,04

g) 0,003

h) 0,07

i) 1,002

j) 29,17

8. Quatro amigos estavam estudando para uma atividade escolar sobre números decimais e sua representação na forma de fração decimal. Observe o que cada um deles anotou no caderno.

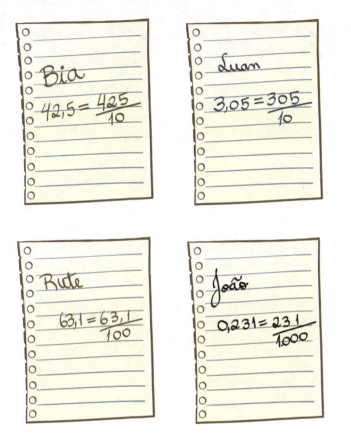

Quais dos amigos se equivocaram ao representar o número decimal na forma de fração decimal? Faça a correção desses números.

2. Transformações

1. Transforme os números decimais em frações irredutíveis.

a) 7,3

b) 0,0137

c) 8,6

e) 0,56

d) 0,49

f) 6,25

2. Transforme as frações em números decimais.

a) $\dfrac{42}{10}$

d) $\dfrac{383}{1.000}$

b) $\dfrac{77}{100}$

e) $\dfrac{805}{10.000}$

c) $\dfrac{95}{50}$

f) $\dfrac{3.500}{40}$

3. (Saresp) A representação fracionária do número 0,25 é:

a) $\frac{1}{2}$ b) $\frac{1}{3}$ c) $\frac{1}{4}$ d) $\frac{1}{5}$

4. Leia o texto e depois faça o que se pede.

José comprou $\frac{3}{4}$ de quilograma de cebola, $\frac{1}{2}$ quilograma de cenoura, $\frac{2}{5}$ de quilograma de beterraba e $\frac{1}{5}$ de quilograma de vagem para fazer uma sopa.

a) Reescreva o texto, substituindo os números na forma de fração por números na forma decimal.

_____

_____

_____

_____

b) Quando a sopa ficou pronta, depois de batê-la no liquidificador, José a pesou e verificou que havia 2 quilogramas de sopa. No almoço, ele e seus pais comeram $\frac{3}{5}$ da sopa. Quantos quilogramas de sopa sobraram? Expresse essa medida por um número na forma decimal.

5. Maria Alice é cabeleireira. Para fazer uma tintura, ela mistura $\frac{5}{4}$ de bisnaga de 200 gramas de tinta com $\frac{3}{5}$ de um frasco de 500 mililitros de água oxigenada e, então, aplica no cabelo da cliente.

a) Escreva na forma decimal as frações citadas no enunciado.

b) Quantos gramas de tinta Maria Alice usa na mistura?

c) Quantos mililitros de água oxigenada Maria Alice usa na mistura?

3. Comparação de números decimais

1. Compare os números, completando o quadro com os símbolos =, > ou <

0,01	<	0,1
4,33		4,03
0,201		0,210
0,305		0,305
7,001		7,01
9,167		9,176
2,384		2,348
1,0101		1,0101
32,001		3,2001
88,071		88,070

2. Escreva os números em ordem crescente.
   a) 0,02; 0,035; 0,15; 0,35

   _____

   b) 0,01; 0,06; 0,45; 0,18

   _____

   c) 0,89; 0,006; 0,009; 0,078; 0,099; 0,45

   _____

   d) 0,021; 0,011; 0,003; 0,001; 0,49; 0,018

   _____

   e) 7,18; 1,25; 5,56; 7,48; 3,05; 1,02

   _____

   f) 9,33; 2,41; 1,59; 1,55; 8,66; 5,03

   _____

3. (Obmep) Qual dos números abaixo é maior que 0,12 e menor que 0,3?
   a) 0,013
   b) 0,7
   c) 0,29
   d) 0,119
   e) 0,31

4. Sabe-se que a altura máxima permitida para um veículo passar por baixo de uma passarela é 4,5 metros. Um caminhão de 4,58 metros de altura e um ônibus de 4,43 metros de altura trafegam em uma via em direção a essa passarela. Qual dos dois veículos conseguirá passar por baixo da passarela e qual precisará desviar seu caminho?

   _____

5. A professora de Educação Física do 6º ano mediu em setembro de 2017 a altura de alguns dos seus alunos e anotou-os em uma tabela. Observe-a.

   a) Qual é o aluno mais alto da turma?

   _____

   b) E o aluno mais baixo?

   _____

| ALTURA DE ALGUNS ALUNOS DO 6º ANO ||
Aluno	Altura (metro)
Aline	1,43
Bruno	1,52
Caíque	1,48
Douglas	1,63
Érica	1,55
Fábio	1,6

Dados obtidos pela professora de Educação Física, em setembro de 2017.

6. Uma escola promoveu um concurso de redação, com notas de zero a dez, e premiou os cinco melhores alunos com medalhas de ouro, prata e bronze, respectivamente, e dois certificados de menção honrosa. Sabendo que Juliana obteve nota 7,73; Cléber, 5,41; Tiago, 9,08; Eduardo, 6,82; e Sueli, 5,6, como foi feita a premiação desse concurso?

7. Três irmãos muito curiosos perguntaram para a mãe quantos quilogramas cada um deles tinha quando nasceu. Ela respondeu que Henrique nasceu com 3,152 quilogramas; Larissa, com 2,46 quilogramas; e Lucas, com 3,2 quilogramas.

a) Qual dos irmãos nasceu com a maior quantidade de massa corporal?

b) Coloque esses números na forma de fração decimal.

8. Cinco amigos estão disputando uma corrida de bicicleta, cujo percurso representamos por uma reta numérica. Marque nessa reta a posição aproximada de cada um.

Amanda (A) = km 4,12   Carlos (C) = km 2,9   Ester (E) = km 2,567

Bruno (B) = km $\dfrac{28}{5}$ Daniela (D) = km $\dfrac{9}{2}$

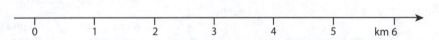

Mantendo esse ritmo, qual dos amigos provavelmente ganhará essa corrida?

9. Complete os balões de fala com os números que aparecem no quadro abaixo, verificando qual deles melhor representa cada situação.

| 0,250 | 1 | 1,43 | 4 | 10 | 35,7 |

4. Números decimais e fracionários na reta numérica

1. Represente, em uma mesma reta numérica, os números a seguir.
a) 5,2
b) $\frac{5}{2}$
c) $\frac{1}{2}$
d) 3,5
• Agora, escreva esses números em ordem crescente.

2. Encontre os equívocos na reta numérica a seguir.

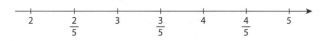

3. Sabendo que A e B dividem na reta numérica o segmento de 0 a 1 em 3 partes iguais e que C, D e E dividem o segmento de 1 a 2 em 4 partes iguais, quais são as frações correspondentes a esses pontos?

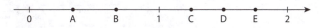

UNIDADE 9 Operações com números decimais

1. Adição e subtração com números decimais

1. Calcule.

a) 0,15 + 0,1

b) 0,35 + 1,12

c) 1,23 − 1,2

d) 12,33 − 7,55

e) 79,07 − 25,11

f) 45,03 + 18,07

g) 87,87 − 87,78

h) 112,321 − 54,33

2. Resolva os problemas.

a) Gabriel comprou no supermercado um vidro de azeitonas por R$ 2,55, um vidro de cogumelos por R$ 3,31, uma lata de pêssegos por R$ 7,90 e uma garrafa de refrigerante por R$ 3,30. Quanto ele gastou nessa compra?

b) Zeca foi ao cinema com R$ 25,00. Comprou o ingresso por R$ 9,50 e gastou R$ 6,25 na compra da pipoca e R$ 5,10 para comprar o refrigerante.
  - Quanto Zeca gastou no cinema?
  - Quantos reais sobraram?

3. Identifique a alternativa cujo resultado está correto.

a) $3,21 + 2,55 + 0,39 - 0,11 = 6,01$

b) $5,33 + 8,79 + 1,15 - 9,18 = 6,08$

c) $9,99 + 0,11 + 0,02 - 1,09 = 9,02$

d) $7,88 + 0,91 - 3,37 - 2,56 = 2,96$

e) $8,03 - 8,01 + 3,62 + 1,08 = 4,72$

4. Faça arredondamentos para décimos e, depois, efetue as operações.

a) $6,37 + 4,51$

b) $7,55 - 5,62$

c) $4,44 - (2,29 + 0,36)$

d) $9,97 - (4,01 - 3,63)$

5. Faça arredondamentos para unidades e calcule a distância aproximada. Em uma brincadeira de caça ao tesouro, André teve de percorrer 14,7 metros no primeiro trecho, 29,5 metros no segundo, 33,2 metros no terceiro e 5,1 metros no quarto. Quantos metros, aproximadamente, André percorreu para encontrar o tesouro?

6. Ana quer preparar uma sobremesa para o almoço de domingo. Veja a receita.

Merengue
2 caixas de morango
2 pacotes de suspiro
1 caixa de chantilly
1 vidro de calda de morango para decorar

Ela fez uma pesquisa no supermercado e encontrou os seguintes preços:

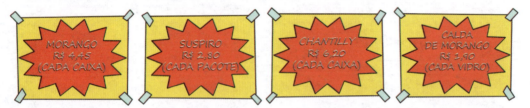

MORANGO R$ 4,45 (CADA CAIXA)
SUSPIRO R$ 2,80 (CADA PACOTE)
CHANTILLY R$ 6,20 (CADA CAIXA)
CALDA DE MORANGO R$ 1,90 (CADA VIDRO)

Ana levou duas cédulas de 20 reais e comprou todos os ingredientes necessários para fazer a sobremesa.

a) Quanto Ana gastou para fazer essa receita?

b) Quanto ela recebeu de troco?

7. Em um treino classificatório para uma corrida automobilística, os pilotos realizam algumas voltas na pista e aquele que conseguir dar a volta mais rápida conquista o primeiro lugar na largada. O quadro abaixo apresenta os tempos de percurso na pista obtidos por alguns pilotos.

Pilotos	Tempo (minutos)
A	2,42
B	2,7
C	2,07
D	2,25
E	2,05
F	2,6

a) Qual foi a classificação desses pilotos no final do treino?

b) A soma dos tempos dos pilotos A e B é maior ou menor que a soma dos tempos dos pilotos E e F?

8. Fernando mora em um sítio com sua família. Ele comprou três porcos e quer construir um chiqueiro para colocá-los. Para isso, ele precisa cercar com tela de arame um local que tem 8,3 metros de comprimento por 2,5 metros de largura. Observe a figura que representa o local.

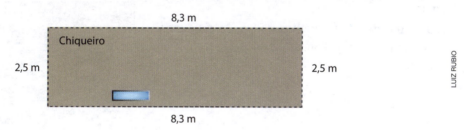

Sabendo que ele comprou 20 metros de tela, o comprimento dessa tela foi suficiente para cercar o local ou faltou tela?

2. Multiplicação com números decimais

1. Calcule.
a) 10 · 11,03

b) 0,913 · 1.000

c) 100.000 · 0,7721

d) 15 · 8,1

e) 22 · 1,893

f) 0,007 · 0,1

g) 11,92 · 0,03

h) 5,1 · 1,3 · 7,12

i) 4,22 · 1,13 · 0,04

j) 12,9 · 11,55 · 10,2

2. Resolva os problemas.
   a) Leandro comprou 7 pacotes de figurinhas a R$ 1,25 cada um. Quanto ele gastou com essas figurinhas?

   b) Ângela economizou, de janeiro a dezembro, R$ 37,35 por mês para comprar um micro-ondas. Chegando à loja, ela viu que o aparelho da marca que queria custava R$ 450,00.
   • Ângela conseguiu comprar o micro-ondas com o valor total que economizou?

   • Quantos reais sobraram ou faltaram para Ângela?

3. Jorge foi ao depósito comprar mangueira para irrigar um canteiro que fez para plantar alface na chácara onde mora. Sabendo que ele precisa de 23 metros de mangueira e que o preço cobrado por cada metro é R$ 3,20, quanto Jorge gastou nessa compra?

4. Todos os dias, Antônio recebe de seu pai R$ 3,15 em moedas de R$ 1,00, R$ 0,50, R$ 0,10 e R$ 0,05 para guardar em seu cofrinho. Considerando que ele recebe todos os dias pelo menos uma moeda de um real, marque no quadro abaixo algumas diferentes combinações de moedas que seu pai pode lhe dar.

	Moedas			
	R$ 1,00	R$ 0,50	R$ 0,10	R$ 0,05
Opção 1				
Opção 2				
Opção 3				
Opção 4				
Opção 5				
Opção 6				

5. (Obmep) Marcos tem R$ 4,30 em moedas de 10 e 25 centavos. Dez dessas moedas são de 25 centavos. Quantas moedas de 10 centavos Marcos tem?
a) 16
b) 18
c) 19
d) 20
e) 22

3. Divisão com números decimais

1. Efetue as divisões.

a) 5 : 2

b) 11 : 4

c) 17 : 5

d) 12,5 : 25

e) 0,088 : 2

f) 1,002 : 4

g) 8,892 : 8

h) 25,777 : 10

i) 33,33 : 100

j) 64 : 1.000

2. Três irmãos querem comprar uma bola de basquete que custa R$ 42,60. Se eles dividirem o valor em 3 partes iguais, quanto cada um pagará pela bola?

3. Sabe-se que 1 quilograma é igual a 1.000 gramas. Em cada caso, calcule a massa em quilograma.

a) 430 gramas

c) 2.789 gramas

b) 375 gramas

d) 4.280 gramas

4. Resolva os problemas.

a) O canteiro central de uma avenida de 5.300 metros será arborizado de modo que as árvores fiquem a uma distância fixa umas das outras. Nessas condições, se forem plantadas 400 árvores na avenida, qual será a distância entre elas?

Avenida Firmo Vieira, em Tatuí, SP.

b) No tanque de combustível do automóvel de Murilo cabem 70 litros. O marcador do nível de combustível está mostrando que resta $\frac{1}{8}$ de combustível no tanque. Quantos litros de combustível restam no tanque?

5. Calcule.

a) 12,6 : 1,2

b) 562,48 : 0,4

c) 0,259 : 0,7

e) 12,6 : 0,48

d) 1.000,1 : 0,1

f) 0,00005 : 0,2

6. Efetue a divisão apresentada no quadro abaixo. Depois, analise os itens e complete as lacunas com os símbolos < ou >.

1,5 : 0,3 = _____

a) 0,15 : 0,3 _____ 1,5 : 0,3

d) 15 : 0,3 _____ 1,5 : 0,3

b) 0,015 : 0,3 _____ 1,5 : 0,3

e) 1,5 : 0,03 _____ 1,5 : 0,3

c) 0,0015 : 0,3 _____ 1,5 : 0,3

f) 0,0015 : 0,003 _____ 1,5 : 0,3

7. Três amigas combinaram de jantar juntas em um restaurante para comemorar o aniversário de uma delas. No final da noite, o total da conta a ser paga foi R$ 125,70. Sabendo que elas dividiram igualmente a conta, quantos reais cada uma delas pagou pelo jantar?

8. Raul foi ao posto de gasolina abastecer seu carro. Ele colocou 22 litros de gasolina no tanque e pagou 55 reais. Qual foi o preço cobrado por cada litro de gasolina nesse posto?

9. (Saresp) Em uma obra sobraram 9 kg de cimento. Quatro operários irão dividir entre si igualmente o cimento restante. A quantidade de cimento que cada um levará é:
a) 2,1 kg.
b) 2,15 kg.
c) 2,25 kg.
d) 2,5 kg.

4. Potenciação de números decimais

1. Efetue as potenciações e escreva as operações no quadro como mostra o exemplo.

$(1,1)^0$		
$(1,1)^1$		
$(1,1)^2$	$1,1 \cdot 1,1$	$1,21$
$(1,1)^3$		
$\left(\dfrac{1}{5}\right)^0$		
$\left(\dfrac{1}{5}\right)^1$		$\dfrac{1}{5}$
$\left(\dfrac{1}{5}\right)^2$		
$\left(\dfrac{1}{5}\right)^3$		

2. Calcule as potências.

a) $(79{,}33568)^1$

b) $(3{,}2)^2$

c) $(5{,}1)^3$

d) $(0{,}42)^3$

e) $(59{,}997899)^0$

f) $\left(\dfrac{6}{5}\right)^2$

g) $\left(\dfrac{1}{10}\right)^5$

h) $\left(\dfrac{1}{2}\right)^4$

3. Classifique as sentenças em verdadeira (V) ou falsa (F).

a) $(0,2)^3 > (0,2)^2$ ☐

b) $(0,5)^1 > (0,33)^1$ ☐

c) $(1,1)^3 < (1,1)^4$ ☐

d) $(2,3)^3 < (1,8)^3$ ☐

e) $(1,23)^4 < (2,5)^4$ ☐

f) $(0,23)^5 > (0,5)^5$ ☐

g) $(10,10)^0 < (41,5)^0$ ☐

h) $(2,21)^3 < (0,74)^5$ ☐

5. Cálculo de porcentagens

1. Observe as figuras abaixo e calcule a porcentagem da parte pintada de lilás.

a)

b)

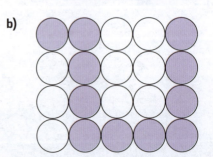

2. Resolva os problemas.

a) Fabiano comprou material escolar em uma papelaria para aproveitar os descontos anunciados. Os produtos abaixo estavam em promoção com 20% de desconto.

- Depois de efetuar vários cálculos, Fabiano verificou que um dos produtos não apresentava o desconto oferecido. Descubra qual é esse produto.

b) Em uma academia, 30% dos alunos preferem fazer musculação, 10% preferem exercícios aeróbicos, 40% preferem natação e 20% dizem não ter preferência por nenhuma modalidade. Sabendo que a academia tem 200 alunos e que a pesquisa foi realizada com 75% desse total, calcule o número de alunos praticantes de cada modalidade.

c) Um carro que custava R$ 50.000,00 está com redução de impostos e terá um desconto de 15,75%. Quanto Paulo pagará pelo carro com o desconto?

d) Com o fim de uma promoção, o preço de um *blu-ray* que custava R$ 356,00 teve aumento de 5%. Quanto passou a custar esse aparelho?

3. Solange comprou uma toalha de mesa retangular que tem 1,5 metro de comprimento por 0,80 metro de largura. Ela está fazendo uma camada de crochê ao redor de toda a toalha para deixá-la mais bonita. Sabendo que ela já fez o crochê em 60% do contorno da toalha, qual é a medida, em metro, da parte da toalha que falta para Solange terminar o crochê?

4. (Enem) Uma enquete, realizada em março de 2010, perguntava aos internautas se eles acreditavam que as atividades humanas provocam o aquecimento global. Eram três as alternativas possíveis, e 279 internautas responderam à enquete, como mostra o gráfico.

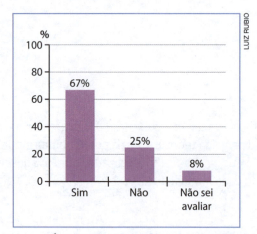

Época, ed. 619, 29 mar. 2010 (adaptado).

Analisando os dados do gráfico, quantos internautas responderam "NÃO" à enquete?

a) Menos de 23.
b) Mais de 23 e menos de 25.
c) Mais de 50 e menos de 75.
d) Mais de 100 e menos de 190.
e) Mais de 200.

5. Joana queria comprar uma televisão e viu no jornal o anúncio de um aparelho de TV que custava R$ 1.200,50. Se o pagamento fosse efetuado à vista, a loja daria desconto de 20%.

a) Qual é o valor do desconto na opção de pagamento à vista?

b) Se Joana comprar a televisão com desconto, quanto ela pagará?

6. Foi feita uma pesquisa em um condomínio de casas, com 400 condôminos, para saber se as famílias tinham animais de estimação e, em caso afirmativo, qual era esse animal. O gráfico abaixo representa os dados obtidos nessa pesquisa.

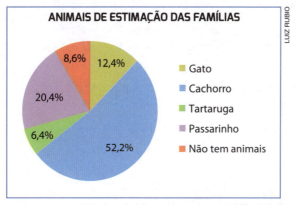

Dados obtidos por um dos condôminos em março de 2017.

a) Quais foram os animais de estimação citados na pesquisa?

b) Quantas famílias, aproximadamente, têm passarinho em casa?

c) Qual é o animal de estimação mais adotado pelas famílias?

7. Em uma escola, há 200 alunos matriculados no 6º ano. Em junho, a coordenadora pedagógica da escola fez um levantamento para saber em quais disciplinas esses alunos estavam com mais dificuldade. Ela pretendia criar aulas de reforço escolar nessas disciplinas. Os resultados do levantamento estão representados no gráfico abaixo.

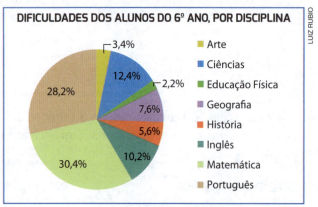

Dados obtidos pela coordenadora pedagógica em junho de 2017.

a) Quais são as três disciplinas escolares em que foi preciso criar aulas de reforço, porque os alunos apresentaram mais dificuldades?

b) Qual é a disciplina em que os alunos apresentaram menos dificuldades? Escreva o percentual.

c) Quantos alunos, aproximadamente, apresentaram mais dificuldades nas disciplinas de História e Geografia?

PROGRAMA DE RESOLUÇÃO DE PROBLEMAS

PARTE 3

ESTRATÉGIA PARA CONHECER

Organizar os dados em um quadro

- **Um problema**

Paulo, Carlos e André jogam basquete na mesma equipe e, na última partida que disputaram, fizeram juntos 30 pontos. Paulo fez o dobro de pontos marcados por Carlos, que fez seis pontos a mais que André. Quantos pontos fez cada um dos três jogadores?

- **Para resolver um problema organizando os dados em um quadro**

EU DEVO...	PARA...
1 saber o que o enunciado pede para descobrir. Quantos pontos fez cada um dos três jogadores?	• identificar quais dados são importantes para a construção de um quadro.
2 listar os dados do problema. Paulo fez o dobro de pontos de Carlos. Carlos fez seis pontos a mais que André. Juntos, eles fizeram 30 pontos.	• analisar como os dados podem ser organizados em um quadro.
3 construir um quadro. | Número de pontos marcados por Carlos	Número de pontos marcados por Paulo	Número de pontos marcados por André	Total de pontos | |---|---|---|---| | | | | |	• organizar os dados relevantes para a resolução do problema.
4 atribuir possíveis valores para o número de pontos marcados por Carlos e obter a pontuação dos outros jogadores. | Número de pontos marcados por Carlos	Número de pontos marcados por Paulo	Número de pontos marcados por André	Total de pontos | |---|---|---|---| | 8 | 2 · 8 = 16 | 8 − 6 = 2 | 8 + 16 + 2 = 26 | | 10 | 2 · 10 = 20 | 10 − 6 = 4 | 10 + 20 + 4 = 34 |	• analisar os resultados obtidos e, se necessário, propor um novo valor aos pontos marcados por Carlos, a fim de satisfazer as condições do enunciado.
5 atribuir novo valor aos pontos marcados por Carlos. Ao atribuir 8 pontos a Carlos, o total resultou em 4 unidades a menos que o esperado; ao atribuir 10 pontos, o total deu 4 unidades a mais que o esperado. Logo, o total de pontos marcados por Carlos foi 9. | Número de pontos marcados por Carlos	Número de pontos marcados por Paulo	Número de pontos marcados por André	Total de pontos | |---|---|---|---| | 9 | 2 · 9 = 18 | 9 − 6 = 3 | 9 + 18 + 3 = 30 |	• obter a solução do problema.

PROBLEMAS PARA RESOLVER

1 AS BALANÇAS

Supondo que as balanças da figura a seguir estejam em equilíbrio e que a massa de cada cubinho seja 2,3 quilogramas, quanto pesa o saco de areia da segunda balança?

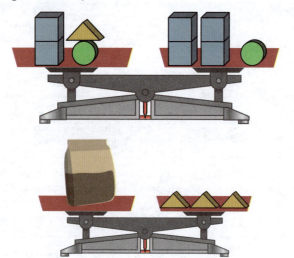

2 OS CASAIS

De 60 pessoas entrevistadas em uma pesquisa, 40% eram mulheres. Dessas, 12,5% eram casadas e o restante, solteiras. Do total de homens, 75% eram solteiros. Quantas pessoas entrevistadas eram casadas?

3 AS MOEDAS

Flávia tem doze moedas: duas de 1 real, duas de 50 centavos, quatro de 25 centavos, duas de 10 centavos e duas de 5 centavos. De quantas maneiras diferentes ela pode combinar essas moedas para obter R$ 2,05?

4 QUANTOS BRINQUEDOS?

Na escola Boas Ideias, os professores têm o costume de presentear os alunos em algumas datas especiais. Para o Dia das Crianças, o professor Leandro foi a uma loja de brinquedos com R$ 30,00 comprar 16 lembranças para dar aos alunos. Ele escolheu 3 tipos de brinquedo: bola, pião e pipa.

- Quantos brinquedos de cada tipo o professor Leandro comprou?

5 OS POTES DE GELEIA

Bia possui uma pousada e serve geleia para seus hóspedes no café da manhã. Ela comprou 3 potes de geleia de morango e 4 potes de geleia de uva por R$ 28,50. Chegando à pousada, Bia se arrependeu e voltou à loja para trocar um pote de geleia de uva por outro de geleia de morango.

- Sabendo que Bia pagou R$ 0,75 de diferença, descubra o preço do pote de geleia de morango e o preço do pote de geleia de uva.

PARTE 4

RECORDE

Localização

Coordenadas cartesianas

Os números 3 e 4 são chamados de **coordenadas cartesianas** do ponto P. A primeira coordenada é a **abscissa** do ponto, e a segunda é a **ordenada** do ponto. Para indicar a posição do ponto P, usamos o par ordenado de números (3, 4).

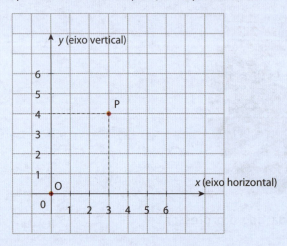

A abscissa do ponto é um número do eixo x e a ordenada do ponto é um número do eixo y.

Outros sistemas de coordenadas

- Coordenadas em um guia de rua.
- Coordenadas geográficas.

Polígonos

São figuras formadas por uma linha poligonal fechada simples e pela região interna que essa linha determina.

- Triângulo é um polígono que tem três lados.

	Acutângulo	Obtusângulo	Retângulo
Equilátero	△	—	—
Isósceles	△	△	△
Escaleno	△	△	△

- Quadrilátero é um polígono que tem quatro lados.

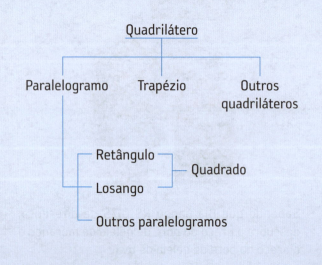

Construção de figuras semelhantes

Quando ampliamos ou reduzimos proporcionalmente uma figura, as medidas dos ângulos correspondentes não são alteradas e as medidas dos segmentos correspondentes são proporcionais.

Grandezas

Unidades de medida de comprimento

1 m = 100 cm ou 1 cm = $\frac{1}{100}$ m = 0,01 m

1 cm = 10 mm ou 1 mm = $\frac{1}{10}$ cm = 0,1 cm

1 km = 1.000 m ou 1 m = $\frac{1}{1.000}$ km = 0,001 km

Unidade de medida de tempo

1 h = 60 min ou 1 min = $\frac{1}{60}$ h

1 min = 60 s ou 1 s = $\frac{1}{60}$ min

1 h = 3.600 s ou 1 s = $\frac{1}{3.600}$ h

Unidades de medida de massa

1 kg = 1.000 g ou 1 g = $\frac{1}{1.000}$ kg = 0,001 kg

1 t = 1.000 kg ou 1 kg = $\frac{1}{1.000}$ t = 0,001 t

1 g = 1.000 mg ou 1 mg = $\frac{1}{1.000}$ g = 0,001 g

Medida de temperatura

O grau Celsius (°C) é a unidade usual de medida de temperatura.

Medidas de capacidade

O **litro** e o **mililitro** são as unidades de medida de capacidade cujo uso é admitido pelo SI, uma vez que são muito utilizadas no cotidiano.

Relação entre volume e capacidade

- O volume de 1 cm³ equivale à capacidade de 1 mL.
- O volume de 1 dm³ equivale à capacidade de 1 L.
- O volume de 1 m³ equivale à capacidade de 1.000 L.

Perímetro de uma figura

É a medida do comprimento do seu contorno.

Área do retângulo

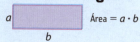

Área = $a \cdot b$

Área do quadrado

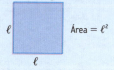

Área = ℓ^2

Paralelepípedo

Elementos

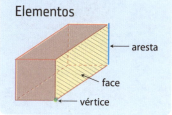

aresta, face, vértice

Volume do paralelepípedo

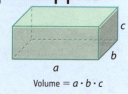

Volume = $a \cdot b \cdot c$

Volume do cubo

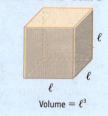

Volume = ℓ^3

UNIDADE 10 Polígonos

1. Localização

1. Observe o mapa de um trecho da cidade de Cuiabá (MT). Em seguida, responda:

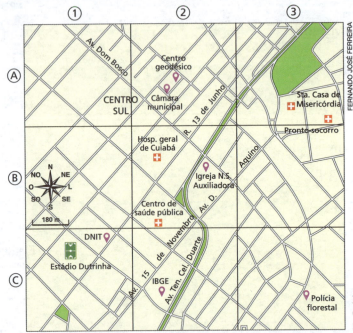

Elaborado com base em *Guia Quatro Rodas 2015*, São Paulo: Abril, 2014 p. 233.

a) Quais são as coordenadas da região em que se encontra o Estádio Dutrinha? _____

b) Quais são as coordenadas da região em que se encontra a Câmara Municipal? _____

c) Quais hospitais se encontram na região B2?
_____

2. Observe o mapa e complete os espaços para que as afirmações fiquem corretas.

Elaborado com base em: IBGE. *Atlas geográfico escolar*. 7. ed. Rio de Janeiro: IBGE, 2016. p. 34.

a) O ponto A, na África, tem coordenadas _____ de latitude e _____ de longitude _____.

b) O ponto B, na Europa, tem coordenadas 60° de _____ e 30° de _____.

c) As coordenadas do ponto C, na América do Sul, têm _____ de latitude sul e _____ de longitude oeste.

3. Escreva as coordenadas cartesianas dos pontos indicados pelas letras.

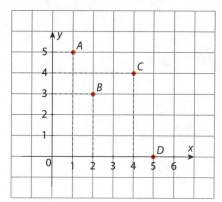

2. Polígono

1. Observe as figuras geométricas e identifique em quais itens a figura geométrica formada é um polígono.

a)   c)   e)

b)   d)    f)

- Explique por que as outras figuras não são polígonos.

___
___
___
___

2. Classifique os polígonos, ligando-os ao termo correto.

Polígono não convexo

Polígono convexo

3. Escreva o nome dos elementos do polígono.

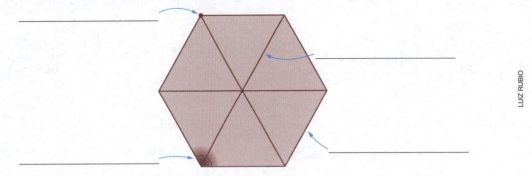

4. Complete o quadro a seguir.

POLÍGONOS E SEUS ELEMENTOS			
Nome do polígono	Número de lados	Número de vértices	Número de ângulos internos
Triângulo			
Quadrilátero			
Dodecágono			
Pentágono			
Heptágono			
Eneágono			
Octógono			
Decágono			
Hexágono			
Undecágono			
Pentadecágono			
Icoságono			

- Analise o número de lados, de vértices e de ângulos de cada polígono do quadro acima e relacione esses dados.

_____
_____
_____
_____

164

5. Quando Flávia completou 15 anos de idade, seu pai lhe deu de presente um anel cuja pedra tinha o formato de um eneágono. Qual das figuras representa a pedra do anel de Flávia?

a)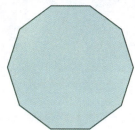
b)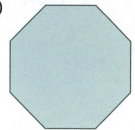
c)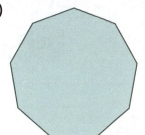
d)

6. Desenhe:

a) um polígono convexo com 3 ângulos;

b) um polígono convexo com 6 lados;

c) um polígono convexo com 5 vértices.

7. Usando pontos da malha pontilhada como vértices, desenhe:
a) um polígono não convexo com 8 lados;
b) um polígono convexo com 7 ângulos.

3. Triângulo

1. Classifique um triângulo quanto à medida dos lados, completando o esquema a seguir.

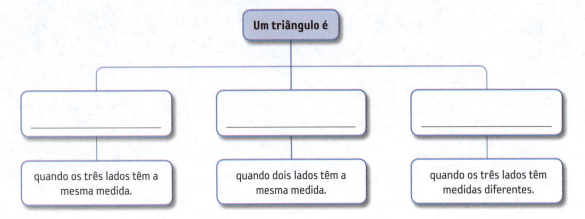

2. Classifique um triângulo quanto à medida dos ângulos, completando o esquema a seguir.

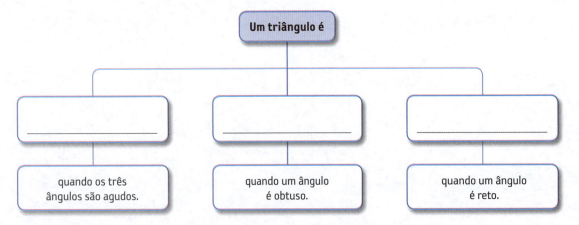

3. Usando pontos da malha pontilhada como vértices, desenhe um triângulo:

a) retângulo;
b) escaleno;
c) isósceles.

4. Quantos triângulos há na figura abaixo? _____

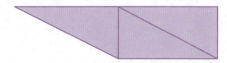

5. Desenhe os triângulos de acordo com as medidas indicadas abaixo e classifique-os em relação às medidas dos lados.

a) $AB = 5$ cm
   $BC = 4$ cm
   $AC = 6$ cm

b) $AB = 7$ cm
   $BC = 7$ cm
   $AC = 5$ cm

c) $AB = 6$ cm
   $BC = 6$ cm
   $AC = 6$ cm

6. Ana bordou uma toalha retangular fazendo, em cada lado de menor tamanho, um triângulo com três lados de mesma medida. Classifique esse triângulo quanto aos lados e quanto aos ângulos.

7. João gosta muito de fazer dobraduras. Ele desenhou e recortou um quadrado de cartolina. Observe:

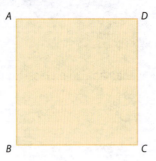

a) Que figura João encontrou ao dobrar esse quadrado, levando o vértice A até o vértice C? Desenhe a figura obtida.

b) João fez mais uma dobra, com base na figura obtida no item anterior, levando o vértice D até o vértice B. Qual figura ele obteve agora? Desenhe essa figura.

8. Tiago desenhou uma estrela e depois contou o número de triângulos formados. Observe:

a) Quantos triângulos Tiago contou no total?

_____

b) Quantos triângulos equiláteros aparecem na figura?

_____

4. Quadrilátero

1. Classifique as afirmações em verdadeira (V) ou falsa (F).

a) Todo polígono com quatro lados é chamado quadrilátero. ☐

b) Um paralelogramo tem três pares de lados paralelos. ☐

c) Trapézios são quadriláteros com apenas um par de lados paralelos. ☐

d) Não há nome especial para quadriláteros que não têm lados paralelos. ☐

e) Paralelogramos com quatro ângulos retos são chamados retângulos. ☐

f) Losangos são paralelogramos cujos lados têm medidas diferentes. ☐

g) Quadrados são paralelogramos que têm lados de mesma medida e quatro ângulos retos. ☐

2. Usando os pontos da malha pontilhada como vértices, desenhe um quadrilátero:
a) que não tenha lados paralelos;
b) com lados de mesma medida;
c) com dois lados paralelos e de mesma medida.

3. Laís recortou dois triângulos equiláteros de cartolina, como mostrado a seguir.

Depois, ela juntou esses dois triângulos e formou algumas figuras. Escreva o nome dos polígonos que ela formou, combinando os triângulos.

4. Observe o desenho a seguir.

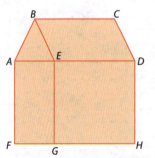

Agora, escreva o nome do polígono formado pelos vértices:

a) ABE: _____   c) AEGF: _____

b) BCDE: _____   d) DEGH: _____

5. (Saresp) O losango ao lado foi dividido em partes iguais.
A parte pintada corresponde a que porcentagem do losango?
a) 4%
b) 25%
c) 40%
d) 50%

170

6. Entre os quadriláteros abaixo, identifique quais são trapézios e quais são paralelogramos.

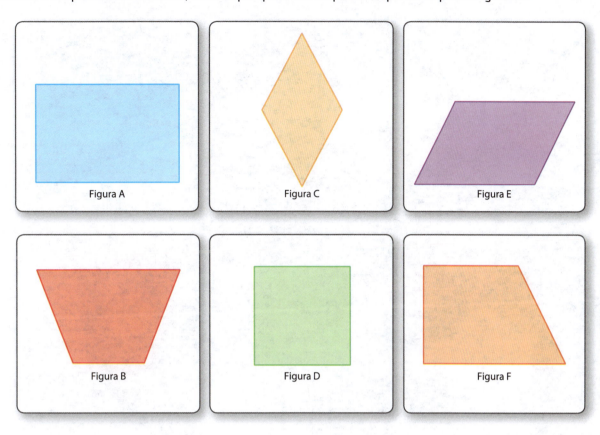

Paralelogramos: _____

Trapézios: _____

7. Responda às questões.

a) Quantos quadrados há na figura? _____

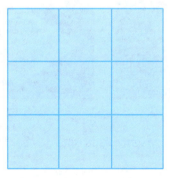

b) Quantos trapézios há na figura? _____

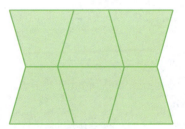

8. Cite os polígonos que você identifica na obra *Esfera amarela*, do pintor piauiense Tony Lima.

Tony Lima. *Esfera amarela*, 2004. 40 cm × 60 cm.

---

9. Observe as bandeiras e, depois, responda às questões.

Disponível em: <www.estadosecapitaisdobrasil.com>. Acesso em: 12 abr. 2018.

a) Faça uma pesquisa e identifique que local representa cada uma das bandeiras.

b) Quais são os quadriláteros que essas bandeiras têm em comum?

10. Mateus está fazendo um curso em um centro de formação de condutores (CFC) para obter a carteira de habilitação. Em uma das aulas, o professor apresentou-lhe algumas placas de sinalização. Observe-as.

a) Faça uma pesquisa e escreva a finalidade de cada uma dessas placas de sinalização apresentadas para Mateus.

_____
_____
_____
_____
_____
_____
_____
_____

b) As placas são confeccionadas em formatos de polígonos. Quais são os polígonos que você identifica em cada placa?

_____
_____

5. Construção de figuras semelhantes

1. Observe as figuras.

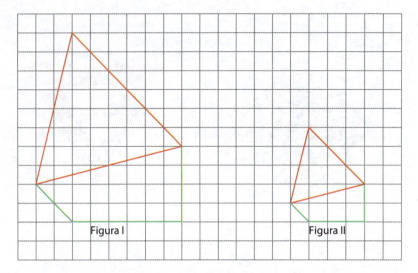

a) Há alguma relação entre os lados correspondentes das figuras I e II? Se sim, qual?

b) O que podemos afirmar sobre as medidas dos ângulos correspondentes das figuras I e II?

c) Qual afirmação é verdadeira? Justifique.
- As figuras I e II não são semelhantes.
- A figura I é uma ampliação da figura II.
- A figura II é uma ampliação da figura I.

2. Observe os retângulos abaixo e responda à questão.

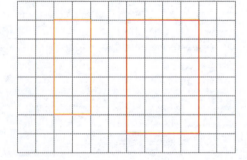

É correto afirmar que os dois retângulos são semelhantes, pois todos os ângulos correspondentes têm a mesma medida? Justifique sua resposta.

UNIDADE 11 Medidas de comprimento e medidas de superfície

1. Grandezas

1. Complete o quadro escrevendo os nomes e os símbolos das unidades de medida do Sistema Internacional de Unidades.

Grandeza	Unidade de medida	
	Nome	Símbolo
Comprimento		m
Área		m²
Volume		m³
Tempo		s
Velocidade	metro por segundo	
Massa		kg
Vazão	metro cúbico por segundo	
Temperatura		°C

2. Medidas de comprimento

1. Complete o quadro escrevendo os símbolos das unidades de medida de comprimento e sua equivalência com o metro.

	Múltiplos	Unidade--padrão	Submúltiplos	
Unidade	quilômetro	metro	centímetro	milímetro
Símbolo				
Relação com o metro				

2. Observe as figuras e sugira qual é a unidade de medida de comprimento mais adequada para cada situação.

a)
comprimento de um trem

_____

c)
espessura de fios

_____

b)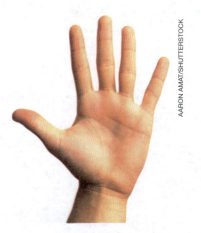
comprimento de uma mão

_____

d)
diâmetro da Terra

_____

3. Expresse as medidas em diferentes unidades, completando o quadro abaixo.

Metro	Centímetro	Milímetro
	0,01	
15		
	25.600	
		1.238.000
15.899		
		2.000.301.000

4. Uma prova de ciclismo com 150.000 m de percurso foi interrompida por causa de fortes chuvas. Os ciclistas haviam completado $\frac{3}{5}$ do percurso total. Quantos centímetros foram percorridos antes de a prova ser interrompida?

Prova de ciclismo na França, em julho de 2015.

5. Com uma fita métrica, meça a sua altura e faça as conversões de acordo com as unidades de medida indicadas a seguir.
   a) Metros

   b) Centímetros

   c) Milímetros

6. Com o auxílio de uma régua, resolva o problema.
A escala desse mapa (no canto inferior direito) indica que cada centímetro equivale a 670 km. Com uma régua, encontre no mapa a distância em linha reta entre as capitais citadas nos itens a seguir e calcule a distância real na unidade de medida que se pede.
   a) Distância entre Curitiba e São Paulo, em quilômetro.

   b) Distância entre Boa Vista e Macapá, em metro.

Elaborado a partir de: IBGE. *Atlas nacional do Brasil*. 6. ed. Rio de Janeiro: IBGE, 2012.

7. Uma corrida de maratona tem 42,195 km de extensão. Converta essa distância em metro e em centímetro.

8. Em um trabalho de escola, Juliana construiu uma maquete com alguns prédios, árvores, ruas e avenidas, a fim de representar a região central de uma cidade. Ela usou a seguinte escala: cada 1 cm equivale a 3 m no real. Sabendo que um dos prédios tinha 15 cm de altura e uma das avenidas tinha 45 cm de comprimento, responda.
a) Qual é a altura real, em metro, do prédio representado na maquete?

b) Qual é o comprimento real, em quilômetro, da avenida representada na maquete?

9. (Enem) Um mecânico de uma equipe de corrida necessita que as seguintes medidas realizadas em um carro sejam obtidas em metros:
a) distância **a** entre os eixos dianteiro e traseiro;
b) altura **b** entre o solo e o encosto do piloto.

Ao optar pelas medidas **a** e **b** em metros, obtêm-se, respectivamente:
a) 0,23 e 0,16.
b) 2,3 e 1,6.
c) 23 e 16.
d) 230 e 160.
e) 2.300 e 1.600.

10. Cristina chegou de uma viagem e, ao desembarcar no aeroporto, pegou um táxi para casa. Sabe-se que o taxista cobra pela corrida R$ 12,00 fixos mais R$ 0,40 por quilômetro rodado. Para chegar até a casa de Cristina, o táxi percorreu 78.100 m. Qual foi o valor cobrado pela corrida?

3. Medidas de superfície

1. Observe o desenho que Gabriel fez do carro de seu pai em um papel quadriculado.

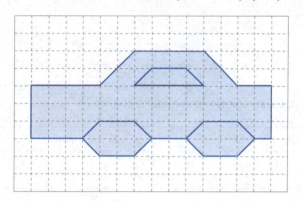

- Considerando que cada quadradinho equivale a 1 cm², responda às questões abaixo.
  a) Qual é a área do trapézio desenhado que representa a janela do carro?

  b) Qual é a figura geométrica desenhada para representar cada roda do carro? Calcule a área da figura.

  c) Qual é a área total da figura desenhada por Gabriel?

2. (Saresp) Observando a superfície das figuras retangulares, podemos dizer que:

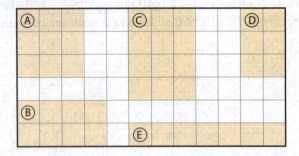

a) as figuras A e B têm a mesma área.
b) a área de D é menor que a área de E.
c) a área de B é maior que a área de A.
d) a área de A é menor que a área de D.

3. Expresse as áreas em diferentes unidades, completando o quadro abaixo.

m²	cm²	mm²
	10	
2		
	120.000	
		325
190		
		7.250.000

4. Resolva os problemas.
a) Fernando vai colocar 18 m² de lajotas no quintal de sua casa. Quantas lajotas ele deverá comprar, sendo que cada uma tem 60 cm² de área?

b) Márcia reservou 400 m² de sua chácara. Ela pretende plantar pés de alface em $\frac{1}{5}$ dessa área e, no restante, plantará cenouras. Qual será a área de cada plantação? Expresse sua resposta em centímetro quadrado.

5. Airton fez uma reforma e agora precisa pintar todas as paredes, internas e externas, de sua casa. Sabe-se que, no total, são aproximadamente 300 m² de área a ser pintada e que é possível pintar cerca de 90 m² de área com cada lata de tinta. Considerando que cada lata de tinta custa R$ 143,50, quanto Airton gastará para pintar sua casa?

4. Perímetro e área

1. Sabendo que o lado de cada quadradinho abaixo mede *x*, determine o perímetro das figuras a seguir.

a)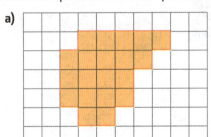

b)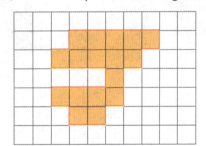

2. Calcule o perímetro dos polígonos abaixo.

a)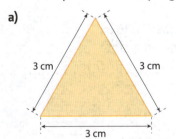

b)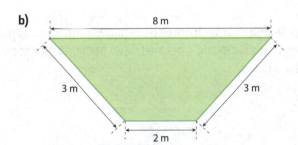

3. Joaquim comprou um lote de terreno com formato triangular cujos lados medem 30 m, 40 m e 50 m. Para proteger a propriedade, ele cercará o terreno com 5 voltas de arame farpado.

a) Quantos metros de arame farpado Joaquim terá de comprar?

b) Cada metro do arame farpado custa R$ 3,50. Joaquim negociou e conseguiu um desconto de 15% sobre o valor total. Quanto ele gastará?

4. Calcule os perímetros das figuras a seguir e expresse-os em centímetro.

a)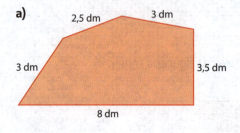

b)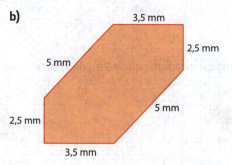

5. Construa um polígono com segmentos de reta que tenham os seguintes comprimentos: 0,036 m, 3,6 cm, 36 mm. Depois, calcule o perímetro do polígono, em centímetro, e classifique-o quanto à medida de seus lados.

6. Dona Judite está costurando um tapete para colocar na porta de entrada da sua casa. O tapete é retangular e tem 90 cm de comprimento por 60 cm de largura. Ela vai costurar triângulos equiláteros de 6 cm de lado ao redor do tapete. Observe o modelo do tapete, representado na figura abaixo.

6 cm

Quantos triângulos Dona Judite vai costurar ao redor do tapete?

7. Identifique as figuras que têm áreas iguais (em quadradinhos) e perímetros diferentes (em lados de quadradinhos).

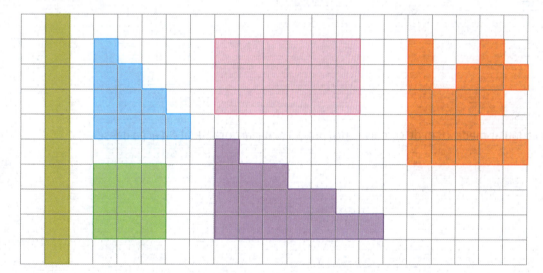

8. (Obmep) A figura representa um polígono em que todos os lados são horizontais ou verticais e têm o mesmo comprimento. O perímetro desse polígono é 56 cm. Qual é a sua área?

a) 25 cm²
b) 50 cm²
c) 75 cm²
d) 100 cm²
e) 125 cm²

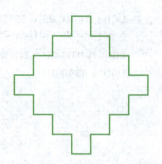

5. Área de retângulos

1. Calcule a área das figuras.

a)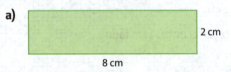

b)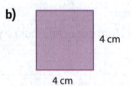

2. Resolva os problemas.
   a) Um terreno retangular mede 25 m de comprimento por 15 m de largura. Qual é a área desse terreno?

   b) Uma bandeja de prata tem 45 cm de comprimento por 15 cm de largura. Qual é a área dessa bandeja?

c) Cíntia vai fazer uma reforma na cozinha de sua casa. A figura a seguir representa a planta baixa dessa cozinha.

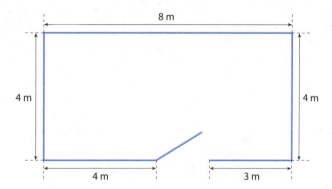

Sabendo que todas as paredes têm 3 m de altura, responda às questões.

• Quantos metros quadrados de azulejo serão necessários para cobrir as paredes da cozinha, sabendo que a porta tem 2,10 m de altura?

• Se cada azulejo tem 600 cm² de área, quantos azulejos serão utilizados para cobrir todas as paredes?

3. Jorge comprou um terreno de 20 m de comprimento por 14 m de largura. Observe a planta baixa feita por Jorge e veja o que ele pretende construir nesse terreno.

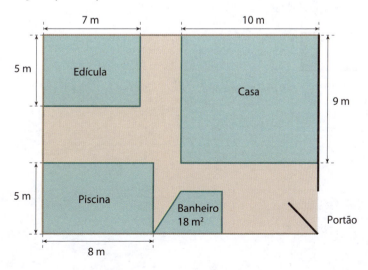

a) Qual é a área total do terreno?

b) Calcule a área ocupada:
   - pela edícula.
   - pela piscina.
   - pela casa.

c) Qual é a área restante do terreno que não foi construída?

4. Calcule a área das figuras a seguir.

a)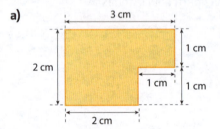

b)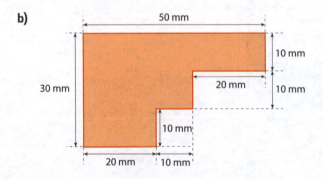

c)

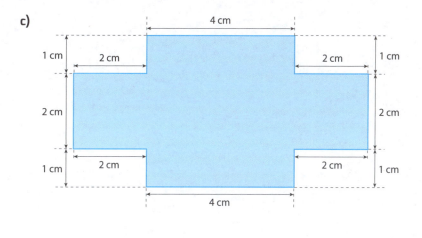

5. Pedrinho fez uma pipa quadrada de 240 mm de lado. Quantos centímetros quadrados de papel de seda foram utilizados para fazer a pipa?

6. (Etec) O xadrez é considerado mundialmente um jogo de estratégias, que utiliza um tabuleiro quadrangular, conforme ilustra a figura a seguir. Considerando que todos os quadrados que compõem o tabuleiro, pretos e brancos, possuem 3 cm de lado, a área total dos quadrados pretos, em centímetros quadrados, é igual a:

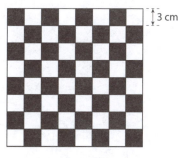

a) 9.
b) 144.
c) 288.
d) 432.
e) 576.

6. Área de um triângulo retângulo

1. Observe as figuras abaixo e responda.

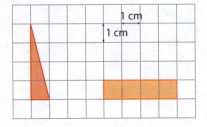

a) Qual é a área do triângulo?

b) Qual é a área do retângulo? Qual é a relação entre as duas áreas?

2. Calcule a área de cada um dos triângulos retângulos a seguir.

a)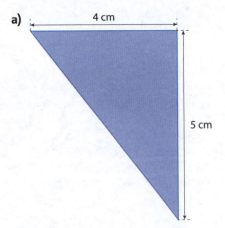

b)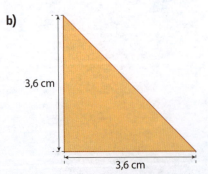

UNIDADE 12 Medidas de tempo, massa, temperatura, espaço e capacidade

1. Medidas de tempo

1. Complete as frases, escrevendo as equivalências.

a) 1 hora tem _____ minutos.

b) 1 minuto tem _____ segundos.

c) 1 hora tem _____ segundos.

2. Expresse as medidas de tempo, em hora, usando números na forma de fração quando necessário.

a) 360 min

b) 75 min

c) 90 min

d) 45 min

e) 150 min

f) 200 min

3. Resolva os problemas.
a) Antônio participou de uma corrida de 12.000 metros em uma pista de atletismo e terminou com o tempo de 2.400 segundos. Em quantos minutos Antônio terminou a corrida?

b) Calcule quantas horas há em um ano bissexto, sabendo que o ano bissexto tem 366 dias e que o dia tem 24 horas.

c) Na atmosfera terrestre, o som percorre cerca de 300 metros em 1 segundo.

Em uma noite de tempestade, Paulo vê um raio e, após 4 segundos, ouve o trovão. A quantos metros de distância de Paulo, aproximadamente, o raio caiu?

Relâmpago na cidade de Londrina, no Paraná, em outubro de 2013.

d) Em um desafio de basquete, João acertou uma cesta a cada 12 segundos. O desafio durou 10 minutos, e nesse tempo Ricardo acertou 40 cestas. Quem venceu o desafio?

e) Um mergulhador carrega um tanque de oxigênio com capacidade para mantê-lo submerso durante 2 horas. Se o mergulhador desce 5 metros a cada 10 minutos, até que profundidade ele pode chegar, contando que deverá voltar para a superfície? Considere que o tempo de subida é o mesmo que o de descida e que o oxigênio do tanque será todo consumido.

Mergulhador em Mar de Andaman, na Tailândia, em 2012.

f) Eduardo viajou para uma cidade a 100 km de distância da sua casa. Na primeira metade do trajeto, ele manteve uma velocidade de 50 km por hora e, na segunda metade, manteve uma velocidade de 100 km por hora. Quanto tempo ele demorou nesse trajeto?

4. Ester tem um relógio que atrasa 5 minutos a cada 8 horas. Quanto tempo o relógio de Ester terá atrasado em 20 dias? Expresse o valor em horas.

5. Um médico receitou a Elizabete 5 gotas de certo medicamento a cada 1 hora e 30 minutos. Ao final de um dia, quantas gotas desse medicamento Elizabete terá tomado?

6. (Etec) Para dar a noção de movimento, o cinema utiliza o efeito da "persistência da visão", isto é, ao visualizar-se determinado objeto, a imagem persiste na retina por uma fração de segundo. Imagens projetadas a um ritmo superior ou igual a 16 vezes por segundo associam-se na retina sem interrupção, dando a impressão de movimento.

Dessa forma, o número de imagens de um filme com duração de 1 hora e 30 minutos, projetado a 16 imagens por segundo, é:
a) 21.600
b) 43.200
c) 57.600
d) 86.400
e) 90.200

2. Medidas de massa

1. Expresse as medidas em diferentes unidades, completando o quadro abaixo.

kg	g	mg
1		
	500	
		220.000
	1	
0,055		
	255	
		30

2. (Enem) Uma mãe recorreu à bula para verificar a dosagem de um remédio que precisava dar a seu filho. Na bula, recomendava-se a seguinte dosagem: 5 gotas para cada 2 kg de massa corporal a cada 8 horas.

Se a mãe ministrou corretamente 30 gotas do remédio a seu filho a cada 8 horas, então a massa corporal dele é de:

a) 12 kg   b) 16 kg   c) 24 kg   d) 36 kg   e) 75 kg

3. Observe os meios de transporte abaixo, identifique o mais pesado e calcule a diferença entre as massas.

Ônibus
massa = 20 t

Carro
massa = 770 kg

4. Sabe-se que 1 m² de papel A4 tem 75 g de massa, e cada folha tem 62.370 mm² de área. Calcule a massa de 500 folhas de papel A4 e expresse sua resposta em quilograma, arredondando o resultado para décimos de quilograma.

5. A massa corporal de Luiza é 57,8 quilogramas. Ela subiu na balança, segurando o seu gatinho no colo e, então, o valor apresentado pela balança foi de 62,55 quilogramas. Expresse, em grama, a massa corporal do gatinho.

3. Medida de temperatura

1. Observe os seguintes termômetros de rua e responda às questões:

a) Qual dessas é a maior temperatura? E a menor?

b) Qual é a diferença entre as temperaturas encontradas no item **a**?

2. Pesquise sobre temperaturas do seu município. Procure saber sobre temperatura média em cada estação do ano e escreva como é a variação de temperatura ao longo do ano.

4. Medidas de espaço

1. Calcule o volume de cada empilhamento, usando o ▪ como unidade de medida.

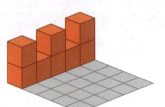 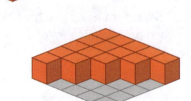

2. Complete as frases.

a) 1 metro cúbico corresponde ao volume de um _____ com _____ que medem 1 metro de comprimento.

b) 1 centímetro cúbico corresponde ao volume de um cubo com arestas que medem _____ de comprimento.

c) 1 decímetro cúbico corresponde ao volume de um cubo com arestas que medem 10 _____ de comprimento.

3. Estime o volume de cada recipiente:

a) Porta-malas de um carro.

b) Uma caixa de cereais.

| 320 cm³ | 320 dm³ | 320 m³ |

| 700 mm³ | 700 dm³ | 700 cm³ |

5. Volume de paralelepípedos

1. Calcule o volume dos paralelepípedos.

a)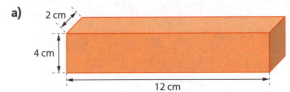

b)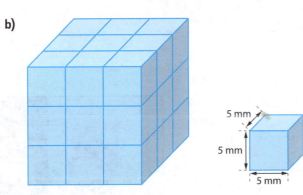

2. Calcule o que se pede.

a) O paralelepípedo abaixo tem 80 m³ de volume. Determine a medida *x* da aresta indicada.

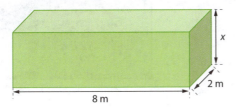

b) O paralelepípedo abaixo tem 216 cm³ de volume, e sabemos que $a = b$. Quanto medem as arestas *a* e *b*?

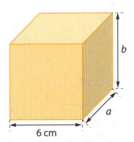

- Qual é o nome desse paralelepípedo?

_____

c) Um recipiente com 20 cm de largura por 10 cm de altura tem 3.000 cm³ de volume. Qual é o comprimento desse recipiente?

6. Medidas de capacidade

1. Joana utiliza vidros de detergente de 400 mililitros para lavar louças. Sabe-se que seu consumo médio de detergente em 6 meses é de 8 vidros. Considerando esse consumo médio, quantos litros de detergente Joana gasta por ano?

2. Ao fazer a leitura do consumo de água na casa de Felipe, a companhia de águas observou que o relógio marcava 58.816 ℓ. Sabendo que na leitura anterior o relógio registrou 57.998 ℓ, calcule qual foi o consumo de água, em litro, no período entre as duas leituras.

3. (Saresp) Numa caixa de adubo, a tabela abaixo indica as quantidades adequadas para o seu preparo. De acordo com a tabela, a quantidade de adubo que se deve misturar em 2 litros de água é:

Adubo	Água
30 g	0,2 ℓ
150 g	1 ℓ
1.500 g	10 ℓ
3.000 g	20 ℓ

a) 3.000 g
b) 300 g
c) 150 g
d) 30 g

4. A foto mostra um avião de combate a incêndios. Seu tanque de armazenamento de água tem capacidade para aproximadamente 2.740 galões. Converta essa medida para litro, sabendo que a capacidade de 1 galão é 3,8 ℓ.

Avião Hércules lança 12 mil litros de água em foco de incêndio próximo a Brasília, DF, 2011.

5. Um volume de 10 m³ de suco de uva será armazenado em garrafas de $\frac{1}{2}$ litro. Quantos recipientes serão utilizados?

6. Para acabar com a falta de água em um grande bairro industrial, o prefeito vai construir um reservatório. Ele sabe que nesse bairro há 1.500 indústrias e que cada uma consome diariamente 5.000 litros de água. Para que haja água disponível em todas as indústrias durante 30 dias sem reabastecimento, que capacidade deve ter esse reservatório? Expresse sua resposta em m³.

7. A vazão das Cataratas do Iguaçu atingiu 1.700 m³ de água por segundo em determinada hora do dia. Escreva essa vazão em litro por segundo.

Cataratas do Iguaçu, em Foz do Iguaçu, PR, 2014.

PROGRAMA DE RESOLUÇÃO DE PROBLEMAS

PARTE 4

ESTRATÉGIA PARA CONHECER

Desenhar a solução

• **Um problema**

Dinorá quer cortar um cubo de madeira de 3 cm de aresta em 27 cubos de 1 cm³. Qual é o menor número de cortes que ela poderá fazer para conseguir os 27 cubinhos?

• **Para resolver um problema desenhando a solução**

EU DEVO...	PARA...
1 identificar os dados e a pergunta do problema. *Dados*: Um cubo de madeira de 3 cm de aresta. *Pergunta*: Qual é o menor número de cortes para conseguir 27 cubinhos de 1 cm³, ou seja, de 1 cm de aresta?	• imaginar como será o desenho no qual indicarei os dados.
2 indicar os dados do problema em um desenho. (cubo de 3 cm × 3 cm × 3 cm)	• identificar como devo continuar o desenho para encontrar a solução.
3 dividir as arestas do cubo em 3 partes iguais. (cubo com arestas divididas em segmentos de 1 cm)	• obter segmentos com a medida exigida no enunciado (1 cm).
4 completar o desenho com os cortes. (cubo com 1º corte, 2º corte, 3º corte, 4º corte, 5º corte, 6º corte) São necessários 6 cortes.	• encontrar uma resposta e verificar se ela é realmente a solução do problema.

PROBLEMAS PARA RESOLVER

1 AS FILAS

Em um estacionamento, o manobrista colocou 10 carros em 5 filas de mesmo comprimento, de modo que cada fila tivesse 4 carros.

Como os carros foram estacionados?

2 AS VARETAS

Como é possível obter 0,5 m de vareta tendo apenas duas varetas que medem 70 cm e 60 cm?

3 A PARTILHA

Quatro irmãos receberam de herança um terreno quadrado com 16 unidades de área, como mostra a figura abaixo. O mais velho deles antecipou-se aos demais e demarcou para si a parte que lhe coube (4 unidades de área), indicada em azul na figura.

Como os demais irmãos podem demarcar a parte que cabe a cada um sabendo que todas devem ser de mesmo tamanho e formato?

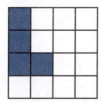

4 BRINCANDO COM PALITOS

Observe como os palitos estão dispostos.

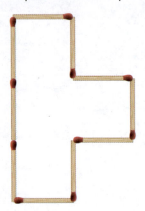

Com mais dois palitos, é possível formar uma nova figura cuja área seja o dobro da área da região delimitada inicialmente pelos palitos? Como?

5 O PROBLEMA DO CARPINTEIRO

Um carpinteiro tem a base de uma mesa com um vão de 360 cm por 60 cm. Ele vai cobrir essa área com um pedaço de madeira que tem 240 cm por 90 cm. Como é possível realizar esse trabalho dividindo a madeira em duas partes iguais, sem que sobre madeira nem fique buraco?

6 AS RETAS

Veja como os 9 pontos estão dispostos.

- Como é possível passar por todos os pontos, traçando 4 retas sem tirar o lápis do papel?